홍사중의
고전 다시 읽기

나의
가훈집

나의 가훈집

초판 1쇄 인쇄 I 2018년 2월 2일
초판 1쇄 발행 I 2018년 2월 5일

지은이 I 홍사중

펴낸이 I 황보태수
기획 I 박금희
마케팅 I 박건원
디자인 I 정의도
교열 I 양은희
인쇄 I 한영문화사
제본 I 한영제책

펴낸곳 I 이다미디어
주소 I 서울시 마포구 양화진4길 6번지(합정동 378-34, 2층)
전화 I (02)-3142-9612, 9623
팩스 I (02)-3142-9629
이메일 I idamedia77@hanmail.net

ISBN 978-89-94597-84-3   03190

홍사중의 고전 다시 읽기

나의 가훈집

家 訓 集

홍사중 지음

이다미디어

아들아, 나를 닮지 마라

이 책의 글은 아들을 비롯한 후손들에게 '후차의 계'로 삼으려 한다

—

내가 어렸을 때 아버지는 나에게 단 한 번도 정색을 하고 교훈다운 교훈을 내려주시지 않았다. 못마땅하다는 표정을 지으면서 그 무거운 입을 열고 하신다는 말씀이 "칠칠맞지 못한 놈"이었다. "염념하지 못한 놈"이라는 말씀도 하셨다. 주변머리 없다는 뜻이다.

아버지의 입에 붙은 말은 '방짜'였다. '스라소니'라는 말도 흔히 쓰셨다. 머저리라는 뜻이지만, 여기 가장 가까운 말은 '팔삭둥이'일 것이다. 물론 내가 못마땅한 일을 저질렀을 때, 또는 적어도 아버지 눈에 거슬리는 일을 저질렀을 때 쓰시는 말이었다. 아무리 말해야 당신 입만 아프다고 여기신 때문이었는지도 모른다.

한 가지 내게 다행스러웠던 것은 그렇게 말할 때의 아버지의 표정에 미움이 아니라 사랑이 넘쳐 있었다는 사실이다. 지금 돌이켜 생각해보면 그런 짤막한 표현 속에는 말할 수 없이 많은 타이름과 꾸지람이 담겨 있었다. 그리고 따스한 애정이. 어쩌면 어떤 말로도 나의 결점을 바로잡지는 못할 것이라고 체념하셨기 때문인지도 모를 일이다.

그래서 여기에 정리한 글들은 아들을 비롯한 후손들에게 '후차後車의 계戒'로 하려는 것이다. 우리 가문의 영화를 생각한다거나 아들의 세속적인 입신출세를 바라면서 이 책을 펴내는 것은 아니다. 그저 내 아들이 떳떳하게 사람답게 살아가면서, 큰 꿈이든 작은 꿈이든 자기 분수에 맞는 꿈을 실현하도록 노력하는 데 조금이라도 도움이 되었으면 좋겠다고 염원할 뿐이다.

돌아가신 내 어머니의 호적상 이름은 상희였지만, 외할아버지께서는 '석돌'이라고 부르셨다. 대단한 한학자였던 외할아버지가 왜 하필이면 석돌이라고 이름을 지으셨는지 나는 통 납득할 수가 없었다. 내가 대학을 졸업하고 한참 지난 다음 어쩌다 우연히 일본 근대의 유학자가 썼다는 '석덕오훈石德五訓'이라는 글귀를 보고 나서야 비로소 외할아버지께서 왜 그런 이름을 붙여주셨는지 납득이 갔다.

그 '석덕오훈'은 다음과 같은 뜻이었다.

1. 기형 괴상하여 말없이 말을 잘하는 것이 돌이다.
2. 침착하고 기정氣精으로 오래도록 땅속에 묻혀 있으며, 대지의 뼈가 되는 것이 돌이다.
3. 비를 맞고 바람을 받고 더위와 추위를 견디어내면서 유연히 동요하지 않는 것이 돌이다.
4. 견실하고 높은 집 누각의 기초가 되는 임무를 다하는 것이 돌이다.
5. 묵묵히 있으면서 산악이나 정원 등을 운치 있게 만들어주고 인심을 누그러뜨리는 것이 돌이다.

아마도 외할아버지는 우리 어머니가 그런 돌처럼 되라는 뜻으로 그런 이름을 붙이신 게 틀림없을 것이다.

안다는 것은 행의 시작이며, 행한다는 것은 지의 완성이다

—

모든 뛰어난 사람들이 한결같이 책을 많이 읽으라고 일렀다. 종일토록 손에서 책을 놓지 말아야 훌륭한 선비라고 사람들은 여겼다. 모두 천번만번 지당한 말들이다. 학문을 출세의 발판으로 삼는 것도 좋고, 인격의 함양을 위해 배우는 것도 좋고, 또는 부귀영화를 위해서 학문을 하는 것도 마냥 나쁘다고만은 할 수 없을 것이다. 한 가지 궁금한 것은 그러면 옛 어른들은 자식들이 하루 몇 시간씩이나 책을 읽도록 했으며, 실제로 몇 시간씩이나 책상머리에 앉아 있었을까 하는 점이다.

보통 사람이 무엇이든 한 가지 일에 집중할 수 있는 것은 1시간 반에서 길어야 2시간 정도가 고작이다. 머리를 쓰지 않고 재미로 보는 영화도 2시간이 넘으면 지루하게 여기고 피로를 느낀다. 그래서 3시간짜리 영화의 경우에는 중간에 휴식 시간을 둔다. 대학의 강의가 1시간 내지 1시간 반인 것도 정신을 집중해서 강의를 들을 수 있는 시간이 1시간 반이 한도이기 때문이다. 그런데 옛 선비들이 몇 시간이고 책상머리에 앉아서 책을 읽었다는 말을 들으면 얼마나 능률이 있었겠는가, 하는 의혹이 생기게 마련이다.

우리가 지식을 쌓는 것은 생각하기 위함이다. 책을 많이 읽었다는 것은 비꼬아 보면 그만큼 생각을 덜 했다는 얘기와 같다. 제 힘으로 생각할 능력이 없기 때문에 독서의 세계로 숨어드는 경우가 많다. 올바른 것을 배우는 것보다 올바른 것을 행하는 것이 훨씬 바람직하다.

《신음어呻吟語》에 이렇게 적혀 있다.

"재기와 학문을 손에 넣는다는 것은 그리 어려운 일이 아니지만, 이 것을 제대로 내 것으로 만들기란 어렵다. 사람이 재기와 학문을 소중히 여기는 것은 어엿한 인물이 되기 위해서이지, 결코 뽐내기 위해서가 아니다. 세상을 위해, 사람을 위해 도움이 되기 위해서이지, 자신을 과시하기 위해서가 아니다.

재기와 학문은 칼처럼 날카롭고 그것을 다루기란 매우 어렵다. 한 번 실제로 써볼 필요는 있지만, 그 이외의 경우에는 장롱 속 깊이 넣어둘 일이지, 장난감으로 삼아서는 안 된다. 잘 다루지 않으면 불행을 낳는다. 예부터 열이면 열, 백이면 백 사람이 이 때문에 결딴이 났다고 해도 과언이 아니다."

왕양명王陽明의 《전습록傳習錄》에 '지행합일知行合一'이라는 말이 나온다.

"안다는 것은 행하는 것의 시작이며, 행한다는 것은 안다는 것의 완성이다."

안다는 것과 행동한다는 것은 서로 다르지 않다는 뜻이다.

홍사중

4장
가족을 말한다

5장
처세를 말한다 ———

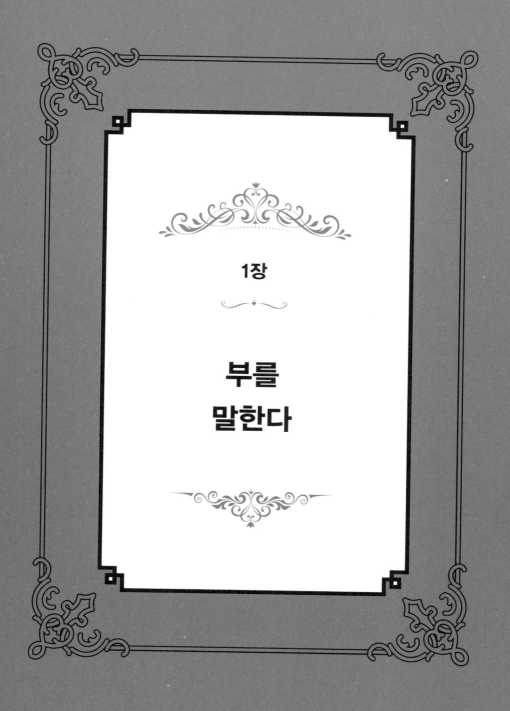

1장

부를
말한다

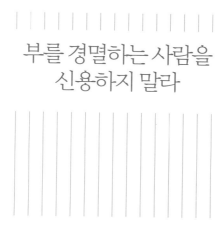

부를 경멸하는 사람을
신용하지 말라

부를 얻는 데 절망한 사람이 부를 경멸하는 것이다

—

평소에 내가 너에게 하고 싶었던 말, 해야 할 말들은 태산같이 많다고 생각해왔다. 막상 하려 드니 무엇을, 무엇부터 말해야 할지 모르겠다. 그래서 두서없이 생각나는 대로 적어보겠다.

우선은 매우 속된 것 같지만 돈 얘기로 시작해야겠다.

"나는 젊었을 때는 돈이야말로 인생에서 가장 중요하다고 생각했다. 이제 늙고 보니 과연 그렇다는 것을 알게 되었다."

요새 우리나라에서 거의 모든 사람이 입에 담을 만한 말같이 들리기도 한다. 사실은 19세기 영국의 탐미주의 작가로 유명했던 오스카 와일드Oscar Wilde가 한 말이다. 그는 파리의 누추한 호텔 방에서 숨을 거두었다. 한 시대를 풍미한 풍운아로서는 너무나도 비참한 최후였다. 그런 그가 평소에 이렇게도 말한 적이 있다.

"부를 경멸하는 사람을 너무 신용하지 말라. 부를 얻는 데 절망한 사람이 부를 경멸하는 것이다. 이런 인간이 어쩌다 부를 얻으면 가장 주체하기 곤란한, 다루기 힘든 인간이 되어버린다."

와일드는 역설적으로 금전만능의 세상을 비웃었을 뿐 돈을 예찬한 것도, 부의 고마움을 부정한 것도 아니었다.

노포魯褒가 살았던 서진西晉도 요새 우리나라와 같은 금전만능의 사회였는가 보다. 그는 이름을 숨기고 '전신론錢神論'을 써서 당시의 세태를 통렬히 비판했다.

"돈을 잃으면 빈약해지고 돈을 얻으면 부강해진다. 더욱이 돈은 날개가 없는데도 날아다니고 발이 없는데도 달려간다. 돈은 근엄하고 깐깐하게 굳어져 있는 얼굴도 풀어지게 하고, 굳게 닫혀 있는 입도 열어놓는다. 돈이 많은 자는 목에 잔뜩 힘을 준 채 앞으로 나서고, 조금밖에 없는 자는 뒤로 물러서서 작아지는 것이다.

돈만 있으면 길한 것뿐이요 불리한 것은 없고, 책을 읽을 필요도 없으니까 족히 신물神物이라 부를 만도 하다. 지위가 없어도 거룩하고, 세력이 없는데도 큰소리치는 것이 가능하며, 위기도 안전으로 바뀌고, 죽어도 되살아 나온다. 어떤 송사에도 이기지만, 돈을 잃으면 귀한 자도 천한 자의 심부름꾼이 되고 살아도 죽은 목숨이 된다. 살아 있는 사람만이 아니다. 속담에도 '돈은 귀신도 부린다'라지만 가히 지당한 말이다.

공자孔子의 제자인 자하子夏는 '사생은 명에 있고, 부귀는 천에 있다(死生有命, 富貴在天)'라고 말했지만, 나는 '사생에 명이 없고, 부귀는 돈에 있다'라고 고치고 싶다. 돈이야말로 화를 복으로 바꿔놓고, 실패를 성공으로 바꿔놓고, 위험을 안전으로 바로잡고, 죽은 사람을 살려놓기 때문이다."

그는 3세기경 중국의 한창 어지러운 세태를 꼬집은 것이었지만, 우리가 지금 살고 있는 세태를 비웃는 것처럼 들리기도 한다.

같은 가난이라도 적빈이 있고 청빈이 있다

—

분명 돈이 없는 것보다는 있는 게 좋다. 적어도 돈이 있으면 그만큼 살기가 편하다. 같은 돈을 내고 사 먹는데도 있는 사람은 없는 사람보다 우대를 받는다. 있는 사람은 단골이 될 수가 있지만, 없는 사람은 어쩌다 오는 뜨내기손님이라서 단골이 되기는 어렵기 때문이다. 팁도 있는 사람에게 기대를 걸 수가 있는 것이다. 누군가 말했듯이, 돈으로 행복을 살 수는 없지만 적어도 불행의 고통을 덜어줄 수는 있다.

예부터 가난하다는 것은 조금도 창피스러운 일은 아니라고 어른들이 말해왔다. 그렇다고 해서 명예로운 것이라 말하기도 어렵다. 또 가난은 여러 가지로 불편과 고통을 안겨주기도 한다.

같은 가난이라도 적빈赤貧이라 할 때가 있고 청빈淸貧이라 할 때가 있다. 적빈은 찢어지게 가난하고, 가난으로 몸과 마음이 찌드는 경우를 말한다. 청빈은 가난 속에서도 안락함을 찾아내는 것을 말한다. 이것을 옛사람들은 안빈낙도라고 말하고, 자고로 선비란 청빈해야 한다고 말했다. 그렇다고 해서 일부러 가난해지려는 사람은 옛적에도 없었고, 요새도 없고, 물론 앞으로도 없을 것이다.

돈이란 요사스러운 마물과도 같다. 그것은 독이 될 수도 있고, 약이 될 수도 있다. 그런가 하면 호강에 겨워서라고 혹 생각할지는 몰라도 돈을 오히려 짐스러워한 사람도 있다. 서우드 앤더슨Sherwood Anderson은 포크너William Faulkner, 헤밍웨이Ernest Hemingway와 함께 미국의 20세기 문학을 대표하는 작가이다. 처녀작을 발표한 그를 유망주로 판단한 한 출판업자는 선불 형태의 인세를 매주 정기적으로 송금해주기로 했다. 재정적으로 안정되면 그의 창작 생활에 도움이 될 것이라 생각했기 때문이다. 몇 주가 지나자 앤더슨은 출판사가 부쳐온 송금 수표를 돌려보냈다.

"안정이라는 것이 내 얼굴 앞에서 노려보고 있으니까 글쓰기가 매우 힘들어졌다."

이것이 그가 출판업자에게 적어 보낸 이유였다. 앤더슨에게는 소설쓰기가 삶의 보람이자 기쁨이었다. 그래서 그는 일부러 가난한 생활을 택했던 것이다. 만약 한평생을 가난 속에서 살며 빼어난 작품을 남긴 화가 이중섭李仲燮 선생이 가난하지 않았다면 과연 어떤 그림을 그리게 되었을까?

예술가가 아닌 너는 돈이 얼마나 너의 인생에 보탬이 될 것인가를 한번 곰곰이 생각해보아라. 이것은 다른 사람처럼 몇십억씩이나 유산을 남겨주지 못하는 아비라서 하는 말이 아니다. 돈이 떨어지면 인정도 떨어져나간다.

《명심보감明心寶鑑》에 이런 말이 나온다.

"가난하게 살면 사람들이 들끓는 저잣거리 한복판에서 산다 해도 친밀하게 인사를 나누는 사람이 없지만, 넉넉하게 살면 비록 깊은 산골에 살아도 먼 곳에서까지 찾아드는 친구가 있다. 사람의 정의情誼는 다 가난한 데서 끊어지고, 세속 인정은 곧잘 돈 있는 집으로 쏠린다. 사람의 정은 다 군색한 가운데서 서먹서먹해지는 것이다."

복이 지나치면 재앙을 낳고, 재물이 많으면 화가 따른다
—

그렇다고 돈이 무조건 좋다는 뜻은 아니다. 그저 사람의 인정이란 이처럼 야박하다는 것을 말하려 했을 뿐이다. 물론 돈이 많다는 것은 좋은 점도 있지만 나쁜 점도 있다. 적어도 그렇게 생각하는 사람이 옛날에는 더러 있었다.

퇴계退溪 이황李滉은 자식들에게 이렇게 타이르기도 했다.

"부만을 추구하는 사람은 많은 사람의 원망을 사게 되기가 쉽다. 복이 지나치면 재앙을 낳고, 재물이 많이 모이면 화가 따른다. 올바른 생활을 한다면 그게 바로 부이고, 덕을 닦으면 그게 바로 귀가 된다. 이래서 군자는 안빈낙도를 한다.

사람이란 누구나 당초에는 착한 법이다. 그러나 어리석게도 물욕에 빠져서 눈앞이 어두워지면 윤리와 기강을 알지 못하고, 서로 도적질하여 남을 해치게 되고 하늘도 무서워하지 않게 된다."

퇴계는 또 이렇게도 말했다.

"재물은 뜬구름과 같은 것이며, 사람을 패망으로 몰아넣기도 한다. 그러니 너희들은 자손에게 재산을 물려주려 하지는 마라. 재물을 물려주면 도리어 윤기倫紀를 어길 우려가 있다. 그러니 재물보다는 학문의 길을 가르치고 장서를 물려주도록 하라."

퇴계의 재산이 얼마나 되는가를 알려주는 기록은 없다. 그의 살림살이가 어떠했는지도 나는 모른다. 퇴계는 또 어느 정도라야 복이 지나친 것이며, 왜 재물이 많으면 화를 입고 사람들의 원망을 사게 되는지 설명하지 않았다. 굳이 장황하게 설명할 필요가 없을 만큼 자명하다고 여기기 때문이었을 것이다.

전한의 선제宣帝 때 태자의 교육을 맡았던 소광疏廣이 함께 교육을 맡아 담당하던 조카와 함께 사표를 냈다. 선제는 그들에게 그동안의 공로를 치하하면서 많은 금품을 하사했다. 성대한 송별 잔치를 받고 난 둘은 고향에 돌아가자 임금으로부터 받은 금품으로 친족은 물론이요 친구들을 불러서 매일같이 술잔치를 벌였다. 이 때문에 그 많던 하사 금품이 눈에 띄게 줄어들었지만 둘은 전혀 개의치 않았다. 그러고는 이렇게 사람들에게 말했다.

"재산이 많으면 비록 현인이라 해도 그 재산에 의지해서 수양을 게을리하고 끝내는 노력해서 자기 향상을 하겠다는 의욕마저 잃게 된다. 어리석은 자손이라면 더욱 방종해지고 미련스러워지기 마련이다. 또한 부는 뭇사람으로부터 시기와 원망을 받기 쉬운 것이니 재산은 없는 게 낫다. 나는 자손이 그 뜻을 잃고 잘못만 늘리고 사람들로부터 시기와 원망을 받지 않도록 하기 위해 매일같이 이렇게 유흥으로 돈을 탕진하고 있는 것이다."

나는 너에게 돈의 해독을 걱정할 만한 유산을 남기지 못한다. 한편으로는 미안하지만 또 한편으로는 다행스러운 일인지도 모르겠다.

항산이 없으면
항심이 없다

일을 할 때는 의욕이 넘치고, 생활은 근면해야 한다

—

　　중국인들에게 상신商神으로 추앙받는 범려范蠡는 월나라의
왕 구천句踐을 도와 오나라를 망하게 한 장본인이다. 그런 그가 월왕
구천을 떠나기로 결심하고, 친구에게 유명한 토사구팽 고사를 얘기한
후에 일족을 데리고 월나라를 떠났다.

　　춘추 시대에 도나라에 주공朱公이란 사람이 있었다. 원래 그는 월나
라의 정승이었다. 그는 어느 날 훌쩍 일족을 거느리고 월나라를 떠났
다. 토끼 사냥에는 사냥개가 필요하다. 그러나 토끼를 잡고 나면 개는
필요 없게 된다. 주인은 개에게 물릴까 봐 염려하여 개를 죽이게 된
다. 이게 모든 것을 버리고 월나라를 떠난 그의 이유였다.

이리하여 제나라에 옮겨 살게 된 그는 몇 년 후에 거부가 된다. 그러자 그는 아낌없이 모은 재산을 이웃에게 나눠준 다음 도陶라는 지방으로 떠난다. 교역 중심지로 유명한 이곳에서 그는 주공으로 이름까지 바꾸고 거부가 된다. 그런 연유로 '도주공陶朱公'이라 불린 그는 나중에 32가지에 이르는 치부의 비결을 적어서 후손에게 남겨주었다. 이게 '도주공치부영달양규陶朱公致富榮達良規'이다. 그중 몇 가지를 추리면 다음과 같다.

'일은 의욕에 넘쳐서 해야 하며, 근면해야 한다. 조금이라도 게으름을 부리면 만사가 결딴난다. 필요한 지출이라도 되도록 줄이고 검소하게 살아야 한다. 지출을 방만하게 하면 필요할 때 돈에 쪼들리게 된다. 사람과 응대할 때는 온화한 태도라야 한다. 성미가 급하면 거래가 줄어든다. 물건 값은 언제나 정확하게 매겨야 한다.

금전 거래는 언제나 분명히 해둬야 한다. 사람을 쓸 때는 성격을 봐야 한다. 만사에 신용을 지켜야 한다. 일을 할 때는 반드시 결과에 대해 책임을 져야 한다. 경거망동하면 판단을 그르치고 실패하는 경우가 많다. 지킬 것을 지키며 일하지 않으면 크게 손해를 본다.'

모두가 당연한 얘기들이며, 누구나 다 아는 말들이다. 그러나 사람이 잘살고 못살고는 이런 평범하고 당연한 데 있을 것이다.

땀 한 방울 흘리지 않고 거부가 된 호화 생활자들이 우리네 주변에는 많다. 그러나 그들만 사치를 않는다고 되는 것은 아니다. 우리 모두가 주공의 교훈을 따라 더욱 알뜰하게 열심히 살아나가야만 한다.

일정한 수입이 있어야 마음이 동요하지 않는다

—

"부는 충분하다는 것을 아는 데 있다."

한나라의 유향劉向이 쓴 '설원說苑'에 나오는 말이다. 이 말은 부 자체를 부정하는 것이 아니다. 그저 이만하면 충분히 살 만큼은 가지고 있으며, 더 이상은 바랄 필요가 없다는 것이다. 그러나 '이만하면 충분히 있다'는 것은 어디까지나 주관적인 판단에 따른다. 다른 사람이 볼 때는 그만하면 충분한 재산을 가지고 있는 듯한데, 욕심이 많아서인지 그래도 돈을 더 모아야 한다고 여기는 사람이 있다. 그런가 하면 단벌 신사이면서도 만족해하는 담백한 사람도 있다. 정부의 통계로 보면 국민 대부분이 중산층에 속하고, 20% 이상이 상류층에 속한다. 따라서 당신은 상류층에 속하느냐고 물으면, 대부분이 "그렇지 않다"고 대답할 것이다.

맹자孟子가 '일정한 자산과 수입, 곧 항산恒産이 없으면 동요하지 않는 마음, 곧 항심恒心을 가질 수 없다. 어느 정도의 경제적인 기반이 있어야 생각도 올바르게 할 수 있다'라고 말했다. 몸가짐도 항산이 있어야 떳떳할 수가 있으며 비굴하지 않게 처신할 수도 있다. 윗사람이나 회사가 부정에 손을 빌리려고 할 때 거부하면 사표를 내야 한다. 이런 경우에 사표를 내고 나면 당장 온 식구가 끼니 걱정을 해야 하는 경우와, 맹자의 말대로 항산이 있는 경우는 처신의 폭이 크게 다르다.

제갈공명諸葛孔明이 북벌을 위해 성도를 떠난 다음, 자신에게 사심이 있다고 임금이 의심하지 않도록 하기 위해 올린 출사표에는 이런 말이 들어 있었다.

"성도에 남긴 800그루의 뽕나무와 넓은 밭이 있으니까 자식들의 의식은 별걱정이 없습니다. 죽은 다음에 재산을 남기려고 폐하의 신뢰를 어기는 행위는 결코 하지 않습니다."

돈은 돌고 도는 것이라는 옛말이 있다. 오늘 잘살다가도 내일 못살게 되는 수가 있으며, 반대로 오늘 못살아도 내일 잘살게 될 수도 있다는 것이다. 어떻게 보면 자기가 가난한 것을 자기 탓이 아니라 하늘의 뜻으로 돌리고 싶은 심정에서 꾸며낸 말이었는지도 모른다. 또 그렇게 생각해야 다소라도 오늘의 고통이나 시름을 달래며 내일에 기대를 걸 수도 있을 것이다.

짐승처럼 벌어서
정승처럼 써라

돈을 지불할 때는 가능한 한 현금을 사용하라

—

돈을 벌고 재산을 모은다는 것은 쉬운 일은 아니다. 그러나 돈을 모으는 것보다 더 어려운 것이 돈을 잘 쓰는 일이다. 흔히 돈이 없는 사람은 "내가 그처럼 돈이 많다면 그렇게 미련스럽게 쓰지 않겠다"라며, 주체할 수 없을 만큼 돈이 많은 사람을 비웃는다. 사실은 비웃는 게 아니라 부러워서 하는 말일 뿐이다. 로또로 하루아침에 벼락부자가 된 사람들 중에서 돈을 잘 쓴다는 얘기는 별로 들리지 않는다.

필립 체스터필드Philip Chesterfield는 아들에게 돈 쓰는 법을 이렇게 가르쳤다.

"너도 차츰 어른들의 세상에 끼어들기 시작했으니, 이 기회에 내가 너에게 어떤 돈을 보낼 작정인지를 설명해두겠다. 그러면 너도 거기에 따라서 생활의 계획을 세우기가 쉬울 것이다.

나는 너에게 공부에 필요한 비용, 사람들과 사귀는 데 필요한 돈은 한 푼도 아까워하지 않고 보낼 작정이다. 공부에 필요한 비용이란 필요한 책을 사는 돈, 우수한 선생에 대한 사례금을 말한다. 이 속에는 여행하는 동안 훌륭한 사람들과 어울리는 데 필요한 비용, 가령 숙박비, 교통비, 옷값, 하인을 고용하는 비용 등도 포함된다.

사람들과 어울리는 데 필요한 돈이란 물론 지적인 어울림에 필요한 비용이라는 뜻이다. 가령 딱한 사람들에 대한 자선 비용(물론 속아 넘어가서 뜯겨서는 안 된다)이 그것이다. 신세를 진 사람들에 대한 사례, 앞으로 신세를 지게 될 사람들에 대한 선물도 여기에 들어간다. 함께 어울리는 상대방에 걸맞게 쓰게 되는 돈, 가령 무엇인가 관람하려는 비용이나 놀이 비용, 기타 뜻하지 않게 지출해야 하는 것들도 들어 있다.

내가 절대로 보내지 않겠다는 것은 어리석은 싸움을 했기 때문에 필요해진 돈과, 안일하게 시간을 보내는 데 쓰는 돈이다. 현명한 사람은 자기 명예를 손상시키는 돈, 아무 도움이 되지 않는 돈은 쓰지 않는 법이다. 그런 돈은 어리석은 자만이 쓴다. 현명한 사람은 돈도 시간과 마찬가지로 쓸데없이 쓰지 않는다. 작은 돈도 헛되게 쓰지 않는다. 오직 자기 자신이나 남들을 위해 도움이 되는 것, 그리고 지적인 즐거움을 얻을 수 있는 데에만 쓴다.

어리석은 자는 다르다. 그는 필요하지 않은 데 돈을 쓰고, 필요한 데에는 돈을 쓰지 않는다. 가령 상점 진열장에 놓여 있는 잡동사니 물건들이 그렇다. 돈지갑이니 시계와 같은 너절한 것의 마력에 홀리면 영락없이 파멸의 길을 걷게 된다. 상점 주인도 그런 미련한 사람을 속여 넘기려 하기 때문에, 제정신이 들었을 때 보면 주변이 너절한 폐품투성이이다. 그러니까 정말로 필요한 것, 마음을 안락하게 만들어주는 것은 하나도 없는 상황이 되고 만다.

돈이란 아무리 많이 가지고 있어도, 올바른 금전철학을 가지고 또 세심하게 주의하면서 쓰지 않으면 최소한의 필요한 것도 사지 못하게 되는 수가 있다. 반대로 돈이 많지 않아도 자기 나름의 금전철학을 가지고 신중하게 쓴다면 살아가는 데 필요한 최소한의 것은 충분히 살 수가 있다.

돈을 지불할 때는 가능한 한 현금을 사용하는 것이 좋다. 그것도 하인을 시키는 것이 아니라 자기가 직접 지불하는 것이 좋다. 하인은 수수료며 사례금 같은 것을 요구하기 쉬우니까. 어쩔 수 없이 외상 거래를 해야 할 때(가령 술집이나 옷가게 등과의 거래)에는 매달 반드시 자기 손으로 지불하는 것이 좋다.

물건을 살 때는 꼭 필요한 것도 아닌데 그저 싼 맛에 사지 않아야 한다. 그것은 절약이 아니라 낭비일 뿐이다. 물론 필요한 것도 아닌데 비싸다는 이유에서-곧 자존심을 만족시키기 위해서-물건을 사는 것도 좋지 않다.

자기가 산 것, 돈을 지불한 내용은 가계부에 기록해두는 것이 좋다. 돈의 출납을 파악하고 있으면 나중에 낭패 보지 않게 된다. 물론 교통비니 음악회를 보러 가서 쓴 자질구레한 돈까지 적을 필요는 없다. 시간의 낭비일 뿐만 아니라 그런 자질구레한 것까지 치부해둔다는 것은 따분한 수전노나 할 짓이다.

이것은 가계에 한정된 것이 아니라 모든 일에 대해서 말할 수 있는 것이지만, 항상 관심을 가질 만한 가치가 있는 것에만 관심을 갖는다는 것이 중요하다. 하찮은 일에까지 관심을 가질 필요는 없다."

너의 할아버지는 나에게 항상 "돈을 안 쓰는 게 바로 돈을 버는 것이다"라고 입버릇처럼 말씀하셨다. 돈을 벌 특별한 재간이 없다고 판단하신 나에게 주신 경고였다. 때로 "있는 돈이나 잘 간수하고 살라"라고 말씀하시기도 했다. 그건 인색하게 살라는 말씀은 아니었다.

인색한 것과 검소한 것은 다르다. 인색은 남에게 쓰는 돈을 아끼는 것이며, 검소는 자기 자신을 위해 쓰는 돈을 아끼는 것이다. 염세철학자인 쇼펜하우어Arthur Schopenhauer는 돈에 관한 한 병적이라 할 만큼 세심하고 치사스러울 정도로 인색했기 때문에 누군가가 "철학자답지 않다"라고 비난했다. 그러자 그는 이렇게 대답했다.

"나는 돈을 버는 재능이 절대로 없다는 것을 명확히 인식하고 있기 때문에 돈을 쓰는 쪽만이라도 조심해야 한다."

근과 검만 실천하면
가난을 벗어난다

부지런하고 아끼는데 어찌 부자가 되지 않겠는가?

—

다산茶山 정약용丁若鏞은 왜 근검절약해야 하는가를 아들에게 이렇게 설명하고 있다.

"내가 벼슬살이를 못하여 밭뙈기 얼마만큼도 너희들에게 물려주지 못했으니 오늘은 오직 글자 두 자를 정신적인 부적으로 마음에 지녀 잘살고 가난을 벗어날 수 있도록 너희들에게 물려주겠다. 너희들은 너무 야박하다고 하지 말라.

그 글자 하나는 근勤이고, 또 하나는 검儉이다. 이 두 글자는 좋은 밭이나 기름진 땅보다도 나은 것이니 일생 동안 쓰고도 다 쓰지 못할 것이다. 부지런함이란 무얼 뜻하겠는가? 오늘 할 일을 내일로 미루지 말며, 아침 할 일을 저녁때 하기로 미루지 않으며, 밝은 날에 해야 할 일을 비 오는 날까지 끌지 말고, 비 오는 날 해야 할 일도 맑은 날까지 천연하지 말아야 한다. 늙은이는 앉아서 감독하고, 어린 사람들은 직접 행동으로 어른의 감독을 실천에 옮기고, 젊은이는 힘 드는 일을 하고, 병이 든 사람은 집을 지키고, 부인들은 길쌈을 하기 위해 사경의 밤중이 넘도록 잠을 자지 않아야 한다. 이렇게 집안의 상하 남녀 간에 단 한 사람도 놀고먹는 사람이 없게 하고, 또 잠깐이라도 한가롭게 보여서는 안 된다. 이런 걸 부지런함이라 한다.

그러면 검이란 무엇인가? 의복이란 몸을 가리기만 하면 되는 것이다. 고운 비단으로 된 옷이야 조금이라도 해지면 세상에서 볼품없는 것이 되어버리지만, 텁텁하고 값싼 옷감으로 된 옷은 약간 해진다 해도 볼품이 없어지진 않는다. 하나의 옷을 만들 때마다 앞으로 계속 오래 입을 수 있을까 여부를 생각해서 만들어야지, 곱고 아름답게만 만들어 빨리 해지게 해서는 안 된다. 이러한 생각을 하면서 옷을 만들면 당연히 곱고 아름다운 옷을 만들지 않고, 투박하고 질긴 것을 고르지 않을 사람이 없게 된다.

음식이란 생명만 연장시키면 되는 것이다. 아무리 맛있는 생선이라도 입술 안으로만 들어가면 이미 더러운 물건이 되어버린다. 인간이 이 세상에서 귀하다고 함은 참됨 때문이니 전혀 속임이 있어서는 안 된다. 하늘을 속이면 제일 나쁜 일이고, 임금이나 어버이를 속이거나 농부가 동료를 속이고 상인이 동업자를 속이면 모두 죄를 짓게 되는 것이다. 단 한 가지 속일 수 있는 일이 있다면 그것은 자기의 입과 입술이다. 아무리 맛없는 음식도 맛있다고 생각하고 입과 입술을 속여서 잠깐 동안만 지내고 보면, 배고픔은 가셔서 주림을 면할 수 있을 것이니 이리해야만 가난을 이기는 방법이 된다.

금년 여름에 내가 다산에서 지내며 상추로 밥을 싸서 주먹 덩이를 삼키고 있을 때 옆 사람이 구경하고는 '상추로 싸 먹는 것과 김치 담가 먹는 것은 차이가 있는 겁니까?'라고 묻기에 나는 '그건 사람이 자기 입을 속여 먹는 법입니다'라고 말하며 적은 음식을 배부르게 먹는 방법에 대하여 이야기해준 적이 있다. 어떤 음식을 먹을 때마다 이러한 생각을 지니고 있어야 하며, 맛있고 기름진 음식만을 먹으려고 애써서는 결국 변소에 가서 대변 보는 일에 정력을 소비할 뿐이다. 그러한 생각은 당장의 어려운 생활 처지를 극복하는 방편이 될 뿐만 아니라, 귀하고 부한 사람이며 복이 많은 사람이나 선비들의 집안을 다스리고 몸을 유지해가는 방법도 된다. 근과 검, 이 두 자 아니고는 손을 움직일 수 없는 것이니 너희들은 절대로 명심하도록 하라."

검소한 생활을 하면 좀처럼 낭패를 보지 않는다
—

하루는 검소하기로 유명한 소크라테스Socrates가 시장에서 파는 물건들을 열심히 들여다보며 거닐고 있었다. 그 모습을 본 친구가 아무것도 사지 않으면서 왜 시장에 왔느냐고 물었다.

"내가 필요로 하지 않는 물건들이 이처럼 많은 것을 보니 새삼스레 신기한 생각이 든다."

소크라테스는 이렇게 대답했다.

《명심보감》에 따르면, 자허원군紫虛元君은 아들에게 다음과 같은 글을 남겼다.

"복은 맑고 검소한 데서 생겨나고, 덕은 낮추고 겸손한 데서 생겨나고, 도는 편안하고 고요한 데서 생겨나고, 생명은 화창한 데서 생겨난다. 근심은 욕심이 많은 데서 생겨나고, 화는 탐심이 많은 데서 생겨나고, 허물은 경솔하고 교만한 데서 생겨나고, 죄악은 어질고 착하지 않은 데서 생겨난다.

눈을 경계하여 다른 사람의 그릇됨을 보지 말고, 입을 경계하여 다른 사람의 결점을 말하지 말고, 마음을 경계하여 탐내고 성내지 말며, 몸을 경계하여 나쁜 벗을 따르지 말라. 유익하지 않은 말을 함부로 늘어놓지 말고, 나와 관계없는 일을 함부로 하지 말라. 절약하지 않음으로써 집을 망치고, 청렴하지 않음으로써 벼슬자리를 잃는다."

《자치통감資治通鑑》을 펴낸 사마광司馬光이 아들에게 남긴 유훈에도 검소를 미덕으로 삼으라는 게 있다.

"우리 집안은 옛날부터 가난하여 대대로 검소한 생활을 본분으로 삼아왔다. 나도 원래가 사치를 좋아하지 않았다. 어렸을 때 호화로운 옷을 받아 입게 되자 창피스러워서 벗어버린 일을 기억한다.

20세에 과거에 합격하여 축하연에 참석했을 때, 나만은 천자에게 받은 꽃을 머리에 꽂지 않았다. 그것을 본 다른 동료가 '모처럼 천자께서 주신 꽃을 꽂지 않으면 불충이 되지 않느냐'고 충고했기 때문에 하는 수 없이 한 송이만을 머리에 꽂은 적도 있다.

평소에도 나는 옷이란 추위를 막기만 하면 되며, 음식은 배를 불리기만 하면 된다고 생각해왔다. 그렇다고 해서 일부러 누더기를 걸쳐 입고 좋은 세평을 받으려고 애쓰지도 않았다. 그저 나 자신의 기호를 따랐을 뿐이다.

보통 사람들은 대체로 사치스러운 생활을 그리워하지만, 나는 은근히 검소한 생활을 좋아했다. 그런 나를 두고 사람들은 낡은 인간이라고 비웃겠지만, 나는 그렇게 생각하지 않는다. 그런 사람들에게는 공자의 다음과 같은 말로 대답하고 싶다.

'사치에 익숙해지면 오만해진다. 검약이 지나치면 거북해진다. 그러나 오만해지는 것보다는 거북해지는 편이 한결 낫다. 검소한 생활을 하면 좀처럼 낭패를 보는 일이 없다.'

이렇듯 옛 성현도 검소를 미덕으로 삼았는데, 요즘 사람들은 오히려 그것을 부끄럽게 생각하니 참으로 한심한 일이다.

근래에 와서 사회의 풍속은 몹시 사치스러워졌다. 하인도 사대부의 옷을 입고, 농부도 가죽신을 신는다. 돌아가신 내 아버지가 하급 관리로 계실 때는 손님이 올 때마다 술대접을 했다. 그러나 술을 권하는 횟수는 서너 번뿐이었다. 그 술도 시장에서 파는 것을 내놓고, 과일 몇 점에다 야채국 정도였으며, 그릇도 값진 것이 아니었다. 당시의 사대부 집안의 손님 대접은 대충 이 정도였기 때문에 아무도 비난하는 사람은 없었다. 그래도 자주 왕래해가면서 예의를 갖추고, 비록 대접은 소박했지만 정의는 두터웠다.

그런데 지금은 어떤가. 술은 으레 집에서 담근 것이며, 과일이나 술안주는 먼 곳에서 구해온 진미요, 음식도 진수성찬이고 그릇도 값진 것이 아니면 아예 손님을 청하지 않는다. 그래서 초대장을 보내기까지 여러 달의 준비 기간이 필요한 게 보통이다. 그렇게 하지 않으면 사람들의 비난을 사고 인색하다고 흉잡히게 된다. 그래서 모두가 사치의 풍습에 물들게 되고 사회풍속이 이처럼 퇴폐하고 있는 것이다. 나 정도로 상당한 지위에 있는 사람이라 해도 이를 금할 수는 없지만, 그것을 부채질하지는 말아야 할 것이다."

조의조식은 마음을 편하게 하고, 미의미식은 비굴하게 만든다
—

송나라 관리인 장문절張文節이란 사람은 재상이 됐을 때나 말단 공무원으로 있을 때나 별로 달라지지 않았다. 그것을 보고 한 친구가 충고를 했다.

"당신은 지금 많은 봉급을 받고 있는데도 이렇게 누추한 생활을 하고 있다. 자기 자신은 검소한 생활을 하고 있다고 자부하겠지만 사정을 모르는 사람들은 혹 당신이 인기를 얻기 위해 위장하고 있는 것이 아니냐고 비난할지도 모른다. 그러니 생각을 바꾸는 게 좋지 않겠느냐?"

그러자 장문절은 이렇게 대답했다.

"분명 내가 지금 받고 있는 녹봉으로 온 집안이 사치를 못할 것도 없다. 그러나 인간이란 검소한 생활에서 사치스러운 생활로 바꾸는 것은 쉽지만, 사치스러운 생활을 하다가 검소한 생활로 돌아가기는 어려운 법이다. 나는 앞으로도 계속 후한 녹봉을 받게 되는 것도 아니다. 내가 재상 자리에서 밀려나면 어떻게 되겠는가? 오랫동안 사치스러운 생활에 젖어온 가족이 검소한 생활로 돌아가지 못하게 된다면 어떻게 되겠는가?"

《채근담菜根譚》에는 이렇게 적혀 있다.

"조의조식粗衣粗食에도 마음 편히 있는 자 중에는 깨끗한 마음씨의 소유자가 많다. 미의미식美衣美食을 일삼는 자 중에는 권력자에게 비굴한 태도를 취하는 자가 적지 않다. 내가 생각하기로는 지조志操는 청빈한 생활에 의해 다듬어지고, 절조節操는 사치스러운 생활에 의해 잃게 되는 것이다. 호사스럽게 산다면 아무리 재산이 많아도 마음의 만족은 얻지 못한다. 그것은 검소하면서도 여유 있게 사는 사람에게는 미치지 못한다."

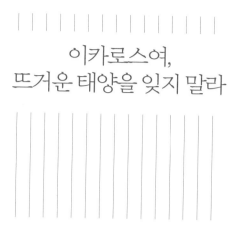

이카로스여,
뜨거운 태양을 잊지 말라

너무 높이 날거나 낮게 날아서는 안 된다는 것을 명심하라

—

그리스 신화에 이런 얘기가 나온다.

다이달로스Daedalos는 그리스에서 제일가는 건축가였다. 그는 수많은 궁전이며 정원이며 조형물들을 만들었다. 그가 만든 조각은 어찌나 실물 같았는지, 사람들은 그것이 살아 있는 인간으로 실제로도 걸어 다닐 수도 있다고 믿을 정도였다.

한편 바다 건너의 크레타 섬에는 미노스Minos라는 왕이 살고 있었다. 그는 반신이 황소이며 반신이 인간인 미노타우로스Minotauros라는 괴물을 가둬놓을 감옥이 필요했다. 그래서 다이달로스의 소문을 들은 미노스 왕은 그를 초청해서 괴수를 가둬놓을 감옥을 만들어달라

고 요청했다. 이 요청을 받아들인 다이달로스는 아들 이카로스Icaros
를 데리고 크레타에 와서 미노스를 가둬놓는 집을 만들었다. 이것이
라비린토스Labyrinthos라는 전설상의 미궁인데, 무수한 통로가 있어
서 한번 들어가면 도저히 빠져나오지 못하도록 만들었다.

일이 끝나자 다이달로스는 빨리 그리스로 돌아가고 싶어졌다. 그러
나 미노스 왕은 다이달로스와 아들 이카로스가 더 오래 크레타에 머
무르면서 다른 건축물들을 만들어주기를 원했다. 그리하여 왕은 다이
달로스 부자를 바다에 면한 높은 탑 속에 가둬놓았다. 유일한 탈출구
는 하늘을 나는 것뿐이었다.

궁리 끝에 다이달로스는 가지각색의 새털들을 모아서 실로 여미고
는 초를 발랐다. 그리하여 바닷새의 두 날개와 같은 것을 만들어냈다.
그는 이것을 몸에 달고 나는 연습을 했다. 드디어 자유롭게 하늘을 날
수 있게 되었다. 다이달로스는 아들 이카로스에게도 똑같은 한 쌍의
날개를 만들어주고는 날 수 있는 방법을 가르쳤다.

준비가 끝난 다이달로스는 바람이 알맞게 부는 날을 기다렸다가 탑
의 창밖으로 날아갔다. 이때 다이달로스는 아들에게 단단히 일렀다.

"내가 가르친 것을 절대로 잊지 마라. 무엇보다도 너무 높이 날거나
낮게 날아서는 안 된다는 것을 명심하라. 내 곁에 바짝 붙어서 날면
된다."

처음에는 목숨을 건 무모한 모험인 것 같았다. 그러나 차츰 공포심
이 가시고 광막한 바다 위를 나는 것을 즐기기 시작했다. 젊은 이카로
스는 좋아서 어쩔 줄을 몰랐다. 그는 바람을 타고 조금씩 하늘 높이

날기 시작하더니 아버지의 경고를 까마득히 잊어버리고 말았다.

"그만 내려와라! 너는 너무 높이 날고 있다. 뜨거운 태양을 잊지 마라."

이렇게 아버지가 외쳤지만, 아들은 들은 척도 하지 않고 더욱 하늘 높이 날아갔다. 그가 높이 올라가면 갈수록 그의 날개를 덮고 있던 초가 조금씩 녹기 시작했다. 끝내는 깃털과 초로 만든 날개는 산산조각이 나고 이카로스는 바다에 떨어지고 말았다.

아버지는 아들이 떨어진 곳의 주변을 몇 번이나 돌았지만 깃털만 바다 위에 떠 있을 뿐, 아들의 모습은 끝내 보이지 않았다. 이카로스는 자기 분수를 헤아리지 못하고 욕심에 이끌리는 대로 마냥 높이 올라가려다 파국을 맞은 것이다.

항룡유회 – 정상까지 올라간 용은 반드시 후회한다
—

《역경易經》에 '항룡유회亢龍有悔'라는 말이 나온다. 정상까지 올라간 용을 항룡이라고 한다. 그런 용은 틀림없이 후회할 것이라는 《역경》의 가르침이다. 오를 때는 비록 고생스럽다 해도 신바람이 나고 보람도 느끼고 즐거움도 있다. 그러나 다 오르고 나면 허망하기도 하고, 또 떨어지지나 않을까 하는 걱정도 생긴다.

하늘 위로 다 올라간 용은 더 이상 오를 수가 없으니까 내려가는 수밖에 없다. 이렇게 될 바에야 차라리 다 올라가지 않는 게 좋을 걸 그랬다고 후회한다는 것이 바로 '항룡의 후회'이다. 영화가 절정에 오를 때 조심하라는 뜻이다. 그래서 중국에서는 숫자 가운데 9를 제일 좋아한다. 10은 꽉 찬 숫자이다. 극수極數이자 만수滿數이다. 그보다 더 큰 숫자는 없다. 그러나 꽉 차고 나면 빠질 수밖에 없다. 그래서 꽉 차기 직전인 9자를 좋아하는 것이다.

《채근담》에서는 이렇게 가르치고 있다.

"꽃은 절반쯤 피었을 때가 좋고, 술은 살짝 취기가 오를 정도로 마시는 게 좋다. 꽃이 활짝 피고 있는 것을 보고 술이 만취가 될 때까지 마신다면 뒤끝이 좋지 않다. 충족된 세계에 있는 사람은 이 점을 잘 생각해야 한다.

사람이 살아갈 때 만사에 줄이는 것을 생각한다면 그만큼 속세의 먼지를 벗어날 수가 있다. 가령 교제를 줄이면 말썽스러운 일을 모면할 수가 있다. 말수를 줄이면 비난을 덜 받을 수가 있다. 분별을 줄이면 마음의 피로를 줄일 수가 있다. 지혜를 줄이면 본성을 다할 수가 있다. 줄이는 것을 생각하지 않고 늘리는 것만 생각하는 사람은 인생에 올가미를 씌워나가는 것과 같다."

《안씨가훈顏氏家訓》에서는 이렇게 가르치고 있다.

"천지의 도나 귀신의 도나 충족한 상태를 싫어하는 것이다. 따라서 겸허한 마음가짐으로 조신하게 처신하면 재난을 피할 수가 있다.

이 세상을 살아가는 데는 비나 이슬을 견딜 정도의 의복이면 충분하고 굶어 죽지 않을 만큼의 음식이 있으면 그것으로 충분하다. 자기 몸 하나만이라도 사치를 해서는 안 된다. 항차 그 밖의 것에 대해서 호사를 부릴 필요가 어디 있겠는가.

주나라의 목왕穆王, 진시황秦始皇, 한 무제武帝 등은 천자로서 온 천하의 부를 자기 것으로 만들고, 최고의 자리에 올랐으면서도 끝없는 욕망에 사로잡힌 끝에 죽음을 맞이했다. 항차 일반 서민의 경우는 더 말할 나위도 없을 것이다.

내가 늘 생각하는 바이지만 20인 가족이라면 노비는 많아도 20명을 넘지 않는 쪽이 좋다. 논밭은 양전良田 10경 정도면 충분하며, 집은 비가 새지 않을 정도면 된다. 거마는 지팡이 대신이 될 만한 것이면 된다.

저금은 수만 전錢만 있으면 경조비나 불시의 지출에 지장이 없을 것이다. 만약 그 이상의 돈이 있다면 어려운 사람에게 베풀면 된다. 설사 그만한 돈이 없더라도 도에 어긋나는 짓을 해가면서까지 저축할 필요는 없다."

안지추顏之推는 이렇게도 말했다.

"《예기禮記》에도 적혀 있듯이, 우주도 그 끝까지 갈 수는 있지만, 사람의 마음은 어디까지 가도 만족할 줄을 모른다. 따라서 되도록 욕망을 누르고 만족할 줄을 알고 단단히 한도를 지킬 필요가 있다.

조상님 정후靖侯께서는 자손들에게 이렇게 타이르셨다.

'너희 집안은 학문을 하는 집안이며 대대로 이렇다 할 재산도 지위도 없었다. 앞으로 너희도 설사 벼슬을 한다 해도 지방 장관 이상으로 높은 자리에 올라서는 안 된다. 혼인을 맺을 때도 일부러 권세 있는 집안의 딸을 얻어서는 안 된다.'

나는 이것이야말로 다시없이 값진 교훈이라 여기고 한평생 가슴에
새겨왔다."

인생은 문틈으로 흰 말이 달려가는 것을 보는 것과도 같다
—

《사기史記》에 이런 얘기가 나온다. 진시황 때 재상이 되어 권
세의 절정에 오른 이사李斯의 일족이 집안의 번영을 자축하는 잔치를
벌였다. 이 자리에 조정의 고관대작들이 모두 축하하려 모였는데, 이
사 자신은 시종 매우 우울한 표정을 짓고 있었다. 까닭을 물은즉 이사
는 탄식하면서 다음과 같이 말했다.

"나는 스승인 순자荀子로부터 만사에 너무 잘나갈 때를 조심하라
는 가르침을 받은 적이 있다. 지금 내 일족은 부귀영화의 극치에 이르
고 있다. 그러나 모든 것은 꼭대기에 오르고 나면 내리막길을 걷는 수
밖에 없다. 이렇게 생각하니 내 앞날이 어떻게 될지 끔찍스럽기만 하
다."

이사는 2대 황제 세상이 되자, 평소에 이사와 권력 다툼을 하다 져
서 뒷전에 물러나 있던 조고趙高의 모함으로 일족이 몰살당한다. 이사
가 걱정하던 것이 현실화된 것이다.

그런가 하면 권세를 마음껏 누릴 기회를 일부러 마다하여 천수를
다할 수 있었던 장량張良과 같은 인물도 있다.

장량이 모시던 전한의 고조는 천하를 평정하자 뒤탈이 없도록 황실

의 안정을 위해, 그동안 공을 세운 장군들을 모조리 주살해나갔다. 고조의 속마음을 헤아린 장량은 자진해서 포상을 사양하고 이렇게 말했다.

"저는 혀 하나로 제왕의 군사가 되어 만호萬戶를 다스리게 되었습니다. 이것은 집안도 나쁘고 재산도 없던 저에게는 분에 넘치는 영예입니다. 그러나 이런 영광에 오래 머물러 있을 마음은 없습니다. 차제에 세상살이의 번거로움을 벗어나서 선인이 되어 살고 싶습니다."

이렇게 말한 다음에 모든 영예와 권력을 버리고 시골에 파묻혀서 선인 공부에 몰두했다. 그것은 살을 베고 뼈를 깎는 고통이 뒤따르는 것이었다. 나중에 그 얘기를 듣고 고조의 미망인 여후呂后가 장량을 불러서 말했다.

"인생은 문틈으로 흰 말이 달려가는 것을 보는 것과도 같다는 말이 있다. 그런데 왜 이토록 사서 고생을 하는 것이냐?"

장량은 여후의 충고를 듣고 선인 수업만은 중단했다고 한다.

욕심을 누르면
하늘도 땅도 넓어진다

청렴함은 사람을 만들지만, 의협심은 사람을 망친다

—

'무욕중용無欲中庸'이라는 공자의 말이 있다. 욕심이 전혀 없
다면 사람은 살 기력을 잃게 된다. 그러니까 욕망을 갖되 적당히 이를
억제하면서 사는 법을 알아야 한다. 그래야 마음도 편안해진다. 욕심
을 억제하면 하늘도 땅도 넓어진다는 것이다. 흔히 "나는 욕심이 없
습니다"라고 천연스레 말하는 사람이 있다. 알고 보면 그런 사람일수
록 명예니 명성이니 하는 세속적인 욕심이 더 많다. '무욕중용'은 욕
망을 억제하는 데에만 필요한 게 아니다.

공자가 오랜 망명 생활을 끝내고 노나라로 돌아온 다음에 입문한
자장子張은 이른바 후진파에 속한다. 그는 대단히 영리했다. 그리고

영재들에게 흔히 있는 결점으로, 말을 너무 가볍게 하고 이해타산에 능했다. 한편 자하는 문학에 뛰어난 선진파에 속하며 공자가 아끼는 제자였다. 그 두 사람을 비교하면서 공자가 이런 말을 했다.

"자장의 재지는 지나치다. 자하는 너무 고지식하고 틀이 좀 작다. 지나침은 부족함이나 마찬가지로 바람직하지 않다. 모든 일에는 중용이 있어야 한다."

족한 줄을 안다는 것은 비단 물욕이나 권세욕에만 해당되지 않는다. 자기 분수에 맞게 목표를 세우고, 자기 능력에 어울리는 일을 한다는 것도 지족의 하나이다.

후한 시대에 마원馬援이라는 장군이 있었다. 대단히 강직한 성품으로 늙어서도 군인다운 기상을 잃지 않았다. "사나이란 모름지기 고향을 멀리 떠나 전쟁터에서 죽고 시체는 말안장으로 덮는다"라는 말을 입버릇처럼 달고 다녔다. 그는 64세 때 자원해서 원정대를 이끌고 싸우다 장렬히 죽었다. 그는 원정을 떠나면서 평소에 입이 가벼운 결점이 있는 두 조카에게 다음과 같은 편지를 보냈다.

"새삼스레 너희에게 말하거니와 남이 잘못했다는 얘기를 들으면, 부모의 이름을 들었을 때처럼 귀에는 들어와도 조금이라도 비난하는 듯한 말을 해서는 안 된다. 툭하면 사람들의 장단점을 들먹인다거나 함부로 정치를 비판하는 것은 내가 가장 싫어하는 짓이다. 내 자손 중에서 그런 천박한 놈이 나왔다는 얘기를 듣게 된다면 차라리 죽어버리는 편이 낫겠다. 너희도 그런 나를 잘 알고 있을 것이다. 그럼에도 불구하고 재차 말하는 것은 부모가 딸을 출가시킬 때 새삼스레 며느리로서의 마음가짐에 대해서 들려주는 것과 같으니 너희가 깊이 명심하기를 바라기 때문이다.

용백고龍伯高라는 분은 하찮은 것은 입 밖에 내지 않으며 매사에 조신하고 검소한 생활을 하고 공직자로서도 청렴하고 위엄이 있다. 나는 늘 그를 높이 평가하고 있었다. 너희들도 그를 본받아주기를 바란다. 한편 두계량杜季良은 과단하고 비뚤어진 것을 싫어하며, 남의 걱정을 내 것처럼 걱정하고 남의 즐거움을 내 즐거움으로 여기고 실로 붙임성이 좋다. 그렇기 때문에 그가 부친상을 당했을 때는 먼 곳에서까지 조문객이 줄지어 찾아왔다. 이분도 나는 높이 평가하고 있다. 하지만 나는 너희가 그를 본받는 것을 원하지 않는다.

왜냐하면 청렴한 용백고를 본받는다면 비록 그에게 미치지는 못하더라도 제법 인간이 될 수는 있을 것이다. 그것은 꼭 백조를 만들려고 조각했는데 오리 비슷한 것이 되어버린 것과 같은 것이다. 한편 의협심이 강한 두계량을 본받다가 여기 미치지 못하면 천하의 경박한 인간으로 끝나기 십상이기 때문이다. 그것은 마치 호랑이를 그리려다 개를 닮은 것밖에 그리지 못한 것과 같은 것이다.

나는 앞으로 두계량이 어떤 인생을 걷게 될지 모른다. 그러나 그가 살고 있는 지방에 부임해 간 지방장관들은 모두 그의 명성에 눌려 지겨워할지도 모른다. 나는 그의 앞날이 걱정된다. 그렇기 때문에 내 자손이 그를 본받는 것을 바라지 않는 것이다."

용백고는 나중에 최고의 관직에 올랐다. 그러나 두계량은 마원이 우려하던 대로 중도에 벼슬길이 막혀버렸다.

검약이 지나치면 인색해지고, 겸양이 지나치면 의심을 받는다

—

아무리 대단한 미덕이라도 여기에 너무 집착하고 정도가 지나치면 악덕이 될 수도 있다. 모든 것에는 절도가 있어야 하고, 또 한도가 있는 법이다. 검소하게 사는 데에도 정도가 있다. 이런 것을 《채근담》에서는 이렇게 주의시키고 있다.

"검약하다는 것은 미덕이지만 도가 지나치면 인색해지고 비천해져서 오히려 올바른 길에서 벗어나게 된다. 겸양은 참으로 좋은 태도이지만 도가 지나치면 자칫 비굴하게 보이고 무엇인가 속셈을 숨기고 있는 경우가 많다.

지위는 너무 위로 올라가지 않는 편이 좋다. 너무 올라가면 함정이 기다리고 있다. 재능은 적당히 발휘하는 편이 좋다. 너무 발휘하면 뒤가 계속되지 않는다. 훌륭한 행위도 적당히 하는 편이 좋다. 지나치면 오히려 비난과 중상의 표적이 된다. 욕심은 알맞게 내야지, 너무 많이 부리면 안 된다. 벼슬을 할 때는 2천 석을 넘지 않도록 하고, 자식 혼인 때는 세력가의 딸은 피하는 게 좋다.

자기 자신에게나 남에게나 자상한 배려를 잘하고 매사에 빈틈이 없는 사람이 있다. 그런가 하면 자기 자신에게나 남에게나 배려를 하지 않고 매사에 담백한 태도를 취하는 사람이 있다. 너무 지나쳐도 안 되지만 너무 무심해도 안 된다. 훌륭한 인물은 과부족이 없는, 균형이 잡힌 태도를 취해야 한다.

이상은 높이 가져야 한다. 그러나 어디까지나 현실에 입각한 것이라야 한다. 사고는 용의주도해야 한다. 그러나 지엽적인 것에 구애되어서는 안 된다. 취미는 담백해야 한다. 그러나 너무 결백함에 치우쳐서는 안 된다. 절조는 엄하게 지켜야 한다. 그러나 편협해도 비굴해도 안 된다.

청렴한 것도 좋지만, 그게 지나쳐서 포용력을 잃어서는 안 된다. 사람은 자상하고 정이 두터워야 하지만, 이게 지나쳐서 결단력을 잃게 되어서는 안 된다. 관찰력을 갖는 것은 필요하지만, 도가 지나쳐서 남의 허물까지 찾으려 해서는 안 된다. 순수하다는 것은 대단한 미덕이지만, 지나치게 순수에 흘러서는 안 된다. 이런 사람은 꿀을 써도 달지가 않으며, 소금을 써도 짜지가 않다.

아무리 입에 맞는 진미라 해도 적당히 먹지 않으면 건강을 해친다. 쾌적한 즐거움도 적당히 즐기지 않으면 후회를 낳는다.

청렴결백하면서도 포용력이 있고, 자상하면서도 결단력이 있고, 현명하면서도 남의 생각을 비판하지 않고, 정직하면서도 남의 행위에 대해서 지나치게 잔소리를 하지 않는다. 이런 인물은 꿀 과자인데도 지나치게 달지 않으며 해산물인데도 지나치게 짜지 않은 사람이라고 한다. 그야말로 미덕을 갖춘 인물이라 할 수 있다.”

출세하는 것은 좋지만 너무 크게 출세하는 것은 탈이다

—

출세하는 것은 좋지만 너무 크게 출세하는 것은 탈이라고

《안씨가훈》에서도 가르치고 있다.

"벼슬을 한다면 중간 정도 이상으로 올라가지 않는 게 좋다. 나보다 위에 50명, 밑으로 50명가량 있는 정도의 자리라면 욕을 먹을 일도 없을 것이며, 신상이 위태로워질 일도 없을 것이다. 그 이상의 지위에 임명된다면 당장 사퇴하고 집 안에 은거하는 것이 좋다.

나는 지난번에 황문시랑에 임명되었을 때 은퇴할 때가 됐다고 생각했다. 그러나 공교롭게도 지방에 나가 있던 중이어서, 만약에 사퇴라도 한다면 내가 없는 사이에 무슨 오해를 받을지도 몰라 그만 은퇴할 기회를 놓치고 말았다.

천하가 어지러울 때는 부귀의 지위에 올라가 본들 권세를 누릴 수 있는 것도 잠시뿐이요, 아차 하는 순간에 몰락의 나락에 빠지게 될 것이며, 큰 부자가 되어도 당장 안회顔回나 원헌原憲과 같은 알거지가 되어 비탄에 빠지는 예가 허다하다. 그런 예를 나는 수없이 보아왔다. 그러니 너희들도 신중하게 처신하기를 바란다."

미덕도 지나치면 안 된다. 《채근담》에는 다음과 같은 말이 나온다.

"검소한 사람을 사치스러운 사람들은 계면쩍게 여긴다. 엄격한 사람은 칠칠치 못한 사람으로부터 경원당한다. 그렇다고 해서 조금이라도 자기 신념을 굽혀서는 안 되지만, 동시에 그것을 밖으로 드러내지 않는 것이 바람직하다. 이것이 군자다운 삶의 자세이다."

또 《채근담》에는 이런 말도 나온다.

"뛰어난 재능을 가지고 있으면서도 시원찮은 인간처럼 처신하면서 자기의 재능을 감추고, 겉으로는 어리석은 척하면서도 사실은 사물의 도리에 밝고, 청절하면서도 세속에 몸을 두면서 그 청절을 나타내지 않고, 몸을 굽히고 있는 듯하면서도 사실은 허리를 펴고 느긋하게 산다. 이런 처신을 하면 참으로 거친 세파를 이겨내는 좋은 구멍대도 되고 몸을 안전하게 감추는 토끼의 세 구멍이 된다.

벼슬이나 감투도 지나치면 사람들의 시기를 받아서 자기 몸이 위태로워진다. 자기 재능도 너무 전부를 노출하지 않는 게 좋다. 지나치게 재능을 발휘하면 재능이 결국은 시들어버린다. 올바른 행위도 너무 존대하지 않는 게 좋다. 너무 존대하면 사람들의 비방의 대상이 된다."

제 욕심을 채우기 위해서 정의를 내세우는 사람은 역겹다
—

우리네 주변에는 툭하면 정의를 내세우는 사람들이 많다. 그들의 말은 나무랄 데가 없다. 그러나 자나 깨나 정의를 부르짖는 사람과 함께 있으면 숨이 막히고 지겨워진다. 그런데다 정의를 내세우면서 제 욕심을 채우는 사람, 또는 제 욕심을 채우기 위해서 정의를 내세우는 사람은 역겹기까지 한다.

노자老子는 지족知足이라는 말 이외에 지족止足이라는 말을 쓰기도 했다. 단순히 지족을 아는 데 끝나지 않고 이것을 실천한다는, 보다 적극적인 의지가 담겨 있는 말이라 할 수 있다.

"지위에 너무 집착하면 반드시 생명이 줄어든다. 재산을 너무 모으면 틀림없이 송두리째 잃게 된다. 지족을 알면 욕을 당하지 않는다. 족하는 것을 멈출 줄 알면 위험하지 않다.

항아리에 넘칠 정도로 부어 넣은 물은 당장 밖으로 흐른다. 예리하게 간 칼날은 빨리 부러진다. 재보를 방 가득히 채워놓아도 지켜내지 못한다. 출세를 해서 우쭐대면 나중에 발목이 잡힌다. 일을 다 한 다음에는 물러나는 것이 천도이다."

남송의 대표적인 시인 육유陸游는 45세 때 아들들에게 다음과 같은 내용의 《방옹가훈放翁家訓》을 적어 보냈다.

"욕심이 많은 인간은 만족할 줄을 모른다. 보통 사람도 그렇게까지 욕심 부리지는 않는다 해도 역시 남이 몸에 갖추고 있는 것을 보면 탐내게 되는 것이 인지상정이다. 이것도 일종의 병이라 할 만하다.

사람이라는 것은 자기가 갖지 못한 것을 탐내고, 자기가 이미 갖고 있는 것은 거들떠보지도 않는다. 따라서 자기가 탐내던 것을 갖게 된다 해도 결국은 아무짝에도 소용이 없게 되며, 사람들이 부러워하는 정도에 이르러도 자기에게는 아무 힘이 되지 않는다. 이렇게 생각할 수만 있다면 탐욕의 마음도 절로 없어질 것이다. 물론 태어날 때부터 욕심이 적은 사람이나, 노력을 해서 그런 경지에 이른 사람에게는 이런 말은 할 필요가 없다."

인생이 소중하다면
시간을 아껴 쓰라

오늘의 1분을 비웃으면 내일의 1초에 운다

—

꿀벌은 1파운드의 꿀을 만드는 데 벌집을 3~4만 번이나 왕래해야 한다고 한다.

존 그린리프 휘티어John Greenleaf Whittier의 시에 이런 구절이 나온다.

"사람이 말하고 글로 쓰는 중에서 가장 슬픈 말은 '만약 그때 내가 했더라면' 하는 것이다."

링컨Abraham Lincoln에게는 배다른 동생이 한 명 있었다. 그는 시골에 작은 농장을 가지고 있었는데, 파산 상태에 빠졌다면서 링컨에게 돈을 꾸어달라는 편지를 보내왔다. 링컨은 다음과 같은 답장을 보냈다.

"네가 80달러를 빌려달라고 했는데, 네 청을 그냥 받아줄 수는 없다. 여러 차례나 너를 조금씩 도와주었는데, 그럴 때마다 너는 '이제 나는 잘살 수 있게 되었습니다'라고 말했다. 그러나 조금 시간이 지나면 또다시 재정적으로 어려워졌다면서 돈을 꾸어달라고 애원했다. 아무리 생각해도 너에게는 큰 결함이 있는 것 같다. 무슨 결함이냐 하면, 너는 게으르지는 않지만 요령을 부리는 것 같다.

나는 네가 하루 종일 열심히 일을 하지 않는다고 생각한다. 너는 일하는 것을 싫어하지는 않지만, 일하는 만큼의 충분한 대가를 얻지 못한다고 생각해서 부지런히 일하지를 않는다.

이렇게 쓸모없이 허송세월하는 버릇이 너의 어려움의 가장 큰 원인이 되고 있다. 그러니 네가 이런 버릇을 바로잡는다는 것은 너 자신은 물론이요 너의 자식들에게도 더욱 중요하다. 왜냐하면 그들은 너보다 더 오래 살 것이며, 또 그런 버릇이 들기 전에 빠져나올 수 있기 때문이다.

네가 정 돈이 필요하다면 한 가지 네게 제안할 것이 있다. 너에게 일하는 품삯을 주겠다는 사람 밑에서 한번 필사적으로 일해보아라. 그러면 나는 네가 이제부터 품삯으로 1달러를 받으면 그때마다 1달러씩을 너에게 보내주마. 그러니까 네가 한 달 동안 일해서 10달러를 번다면 나도 10달러씩 보내주겠다. 나는 네가 막노동을 위해 타향살이를 하라는 것이 아니다. 네 집 근처에서 막노동을 하며 돈을 받을 수 있는 일자리를 찾으라는 것이다.

너는 내가 너에게 지금 돈을 보내준다면 땅문서 명의를 내 이름으로 바꿔주겠다고 말했는데, 그처럼 가소로운 일이 어디 있느냐? 네가 지금 땅을 가지고 있으면서도 잘살지 못하는데, 어떻게 땅도 없이 살아갈 수 있겠느냐? 너는 나에게 항상 친절했다. 그런 너에게 불친절하게 대할 마음은 없다. 나는 어디까지나 너를 위하는 마음에서 이런 제안을 하는 것이다. 그것은 지금 너에게 80달러를 보내주는 것보다 몇 곱절 더 유익한 것이 되리라."

오늘의 1분을 비웃으면 내일의 1초에 운다.

"인생이 소중하다고 생각하느냐? 그렇다면 시간을 헛되게 쓰지 않는 게 좋다. 시간이야말로 인생을 형성하는 재료인 것이다."

벤저민 프랭클린Benjamin Franklin이 자서전에서 이렇게 말했다. 그가 한때 책방을 경영한 적이 있다. 어느 날 한 고객이 책을 고른 다음 "이 책은 얼마요?"라고 물었다.

"1달러입니다."

"좀 깎아줄 수 없소?"

"그러면 1달러 15센트로 해드리죠."

"아니, 나는 값을 깎아달라고 말했는데요."

"그러니까 1달러 50센트로 하지요."

"왜 값이 자꾸 올라가기만 하는 거요?"

"그럴 수밖에 없습니다. 시간이 돈이니까요."

봄에 밭을 갈지 않으면 가을에 바랄 것이 없다

—

《신음어》에 이런 말이 나온다.

"사람은 호흡을 하면서 산다. 이 호흡이 멈추면 두 번 다시 살아남지 못한다. 사람은 쉴 새 없이 호흡하는 동안에 늙어가는 것이다. 마음을 가라앉히고 앞날을 생각하는 군자가 무릎을 쓰다듬으면서 지난 시간을 서운해하는 것도 당연한 일이다. 그러나 시간을 아낀다 해도 사람에 따라 다르다.

지위가 높고 재산이 많은 사람은 그것으로도 부족하다며 한탄한다. 명예를 아끼는 사람은 자기 할 일이 아직 남아 있다며 한탄한다. 자유를 만끽하고 사는 사람은 술을 즐기면서 여생을 보낸다. 욕심이 많은 사람은 자손에게 재산을 물려주려고 안달이 난다.

이런 사람들 중에서 그나마 좋다고 여겨지는 것이 명예를 소중히 여기는 사람이며, 다른 부류의 사람들은 시간을 소중히 여기며 산다고 할 수 없다. 사람은 살고 있는 이 순간순간을 아끼고 소중히 여겨야 한다. 그냥 오늘을 마음 내키는 대로 멋대로 살면서 만족한다면 그것은 삶을 포기한 것이나 다름이 없으며, 백 살을 산다고 해도 헛되이 사는 것이나 다를 바 없다."

《명심보감》에는 다음과 같은 공자삼계도孔子三計圖가 나온다.

"일생의 계책은 어릴 때 있고, 한 해의 계책은 봄에 있고, 하루의 계책은 새벽녘에 있다. 어려서 배우지 않으면 늙어서 아는 바가 없고, 봄에 밭을 갈지 않으면 가을에 바랄 것이 없고, 새벽녘에 일어나지 않으면 그날 할 일이 없다."

'취생몽사醉生夢死'라는 말이 있다. 태어날 때부터 죽을 때까지 마치 술에 취한 듯 꿈을 꾸는 듯한 기분으로 이렇다 할 일도 하지 않고 그저 덧없이 살아가는 것을 말한다.

비록 짧은 인생이나마, 아니 짧을수록 더욱 사람은 큰 뜻을 가지고 높은 목표를 세우고 도전해나가야 한다. 목표를 달성하지 못해도 좋다. 그래도 무엇인가 하려고 노력했다는 흡족함이 남을 것이다.

유태인의 성전인 《탈무드Talmud》에 이런 말이 나온다.

"매일같이 오늘이 당신의 마지막 날이라고 생각하라. 매일같이 오늘이 당신의 첫날이라고 생각하라."

오늘 하루, 오늘 한 시간, 오늘 일분일초를 어떻게 사느냐에 따라서 당신의 인생이 풍요롭게도 되고 가난하게도 되는 것이다. 그렇다면 오늘 하루를 헛되이 보낼 수는 없지 않겠느냐는 교훈이다.

《채근담》에도 허송세월하지 말라는 말이 나온다.

"천지는 영원하지만 인생은 다시 돌아오지 않는다. 사람의 수명은 고작이 1백 세, 그것도 순식간에 지나간다. 다행히 이 세상에 태어났다면 즐겁게 살려고만 하지 말고, 헛되이 지내는 것에 대한 두려움을 가져야 한다."

돈과 시간을
잘 써야 한다

우선 젊은 시절에 지식의 기반을 다져라

—

체스터필드는 아들에게 이런 편지를 썼다.

"네가 무엇보다도 명심해야 할 게 있다. 그것은 시간의 귀중함을 명심하고 시간을 어떻게 쓰느냐는 것이다. 이것을 정말로 알고 있는 사람은 드물다.

누구나가 입으로는 '시간은 소중하다'고 말한다. 그렇지만 시간을 소중하게 쓰는 사람은 거의 찾아보기가 힘들다. 네가 시간을 쓰는 것을 보면 시간이 얼마나 귀중한가를 잘 알고 있는 것 같다. 이것은 매우 중요한 일이다. 알고 있는 것과 모르고 있는 것은 앞으로의 인생에 하늘과 땅 사이만큼이나 다르다. 그래서 너에게는 시간에 대해서 이러쿵저러쿵 말하지는 않겠다. 다만 한 가지, 앞으로 긴 인생의 한 기간-앞으로 2년 동안의 일이지만-에 대해서 좀 얘기해보마.

우선 젊은 시절에 지식의 기반을 다져라. 그렇지 않으면 네가 앞으로의 인생을 네가 마음먹은 대로 살아가기는 어려울 것이다. 지식이란 나이가 들었을 때의 휴식처이자 도피처가 되는 것이다.

나는 은퇴한 다음에도 책에 둘러싸여 살고 싶다고 생각하지만, 지금 이렇게 그 누구의 방해도 받지 않고 독서의 즐거움에 잠길 수 있다. 이것도 따지고 보면 네 나이만 할 때 단단히 마음먹고 공부를 한 덕분이라고 생각한다. 내가 좀 더 열심히 공부를 했다면 이런 만족감은 더 컸을지도 모른다. 어쨌든 이렇게 나는 세상을 벗어나 독서삼매에 젖을 수가 있는 것이다.

나는 젊었을 때 어느 정도는 지식을 쌓아두기를 잘했다고 생각한다. 그렇다고 해서 노는 시간이 헛된 것이었다는 뜻은 아니다. 놀이는 인생을 윤기 있게 만들기도 하고, 특히 젊은이들에게는 큰 기쁨이기도 하다. 나도 젊었을 때는 많이 놀았다. 만약에 그렇지 않았다면 지금쯤은 놀이를 과대평가하고 있을지도 모른다. 무릇 인간이란 자기가 알지 못하는 것에 유난히 흥미를 갖지 않느냐.

다행히도 나는 충분히 놀았기 때문에 놀이라는 것이 어떤 것인지를 알게 되었으며, 그것을 후회하지 않고 오히려 잘했다고 생각한다. 오직 후회하는 것이 있다면 젊었을 때 아무것도 하지 않고 그냥 나태하게 지낸 시간이다.

앞으로의 수년 동안은 너의 인생에 매우 중요한 시기이다. 그래서

목이 쉬도록 너에게 호소하는데, 지금 이 시간을 보람 있게 쓰라는 것이다. 지금 네가 무위하게 허송세월한다면 그만큼 지식의 분량이 줄어들 뿐만 아니라, 인간관계의 형성에도 손실이 크다. 반대로 보람 있게 쓴다면, 지난 시간들이 축적되어 큰 이자가 붙어서 돌아올 것이다.

거듭 말하지만 이제부터의 몇 해 동안에 너의 학문의 기틀을 마련해놓아야 한다. 지식이란 한번 기틀이 마련되고 난 다음에는 언제든지 좋은 시간에 좋아하는 만큼 쌓아 올리면 된다. 지식이 필요할 때가 되어서야 준비하려면 이미 때가 늦은 것이다.

더욱이 지식이란 젊었을 때 기틀을 마련해놓지 않으면 나이가 들어서는 매력이 없는 인간이 되어버린다. 나는 네가 일단 사회에 나가고 난 다음에도 책을 많이 읽으라고는 말하지 않으련다. 우선 사회에 나가서는 그럴 시간도 없을 것이다. 설사 있다 해도 책만 읽을 수 있는 형편이 못 될 것이다.

그러니까 지금이 오직 학문에 집중하면서 아무에게도 방해받지 않고 마음껏 지식을 쌓을 수 있는 시기란다. 그렇다 해도 때로는 책이 넌덜머리가 날 때가 있을 것이다. 그런 때는 이렇게 생각해라. 이것은 통과하지 않으면 안 되는 길이며, 한 시간만 더 견디면 그만큼 빨리 목적지에 도달하고, 그만큼 빨리 자유로운 몸이 된다고 말이다. 빨리 자유롭게 되느냐 못 되느냐 하는 것은 오로지 시간을 어떻게 쓰느냐에 달려 있는 것이다."

일을 하기 때문에 마음도 몸도 놀이를 참으로 즐길 수가 있다

―

체스터필드는 또 시간을 잘 쓸 줄 아는 인간이 되라고 이르고 있다.

"돈이나 재산을 잘 쓸 줄 아는 사람은 흔하지 않다. 그러나 시간을 잘 쓸 줄 아는 사람은 더 드물다. 시간을 잘 쓸 줄 안다는 게 돈이며 재산을 잘 쓸 줄 아는 것보다 훨씬 더 중요한데 말이다.

나는 네가 이 두 가지를 다 잘 쓸 줄 아는 사람이 되었으면 한다. 너도 이제는 이런 것에 대해서 생각해도 좋을 나이가 되었다. 하기야 젊었을 때는 시간이 충분히 있으며 아무리 낭비를 해도 없어지지 않는다고 생각하기가 쉽다. 그러나 그것은 막대한 재산을 탕진해버리는 것과 같으며, 깨달았을 때는 만시지탄을 해도 어쩔 수 없다.

세 명의 왕에 걸쳐서 명성을 떨쳤던 라운즈William Lowndes 재무장관은 생전에 이렇게 말했다. '1펜스를 얕보면 안 된다. 1펜스를 얕보면 1펜스 때문에 울게 된다'라고. 이것은 진실이다. 장관 자신이 철저하게 이것을 지켰다. 그 결과 두 손자에게 막대한 재산을 남겼다.

이것은 그대로 시간에 대해서도 들어맞는 얘기이다. 1분을 비웃는 사람은 1분, 아니 1초 때문에 울게 되는 것이다. 그러니까 10분이라도, 15분이라도 소홀히 해서는 안 된다. 짧은 시간이라고 소홀히 하면 결국 하루에 몇 시간이고 헛되이 보내게 된다. 그것이 1년 동안 쌓이면 이만저만 긴 시간을 낭비하는 게 아니다.

세상에는 빈둥빈둥 아무 하는 일 없이 시간을 보내는 사람이 많다.

안락의자에 앉아서 하품을 하면서 '지금 무엇인가를 시작하기에는 시간이 좀 모자라다'라고 말한다. 이런 사람은 실제로 시간이 비어 있어도 아무것도 하지 않는다. 결국은 하는 일 없이 시간만 흘러간다. 딱한 성격이라고 할 수밖에 없다. 아마 이런 사람은 공부를 하든 일을 하든 대성하지는 못할 것이다.

한가하게 지낸다는 것은 너의 나이에서는 아직 용납되지 않는다. 내 나이가 되어야 비로소 용납되는 것이다. 너는 이제야 겨우 사회에 발을 들여놓았을 뿐이다. 그러니 적극적으로 행동하며 근면하고 근기 있게 살아 마땅한 일이다.

앞으로의 몇 년이 너의 일생에 얼마나 중요한가를 생각해보아라. 그러면 단 한 순간도 소홀히 할 수는 없을 것이다. 그렇다고 하루 종일 책상에 붙어 앉아 있으라는 것은 아니다. 그러기를 권할 마음도 없으며, 또 네가 그러기를 바라지도 않는다. 그저 무엇이든 하는 것이 중요한 것이다. 20분이든 30분이든 대수롭게 여기고 아무것도 하지 않는다면, 1년 후에는 네게 상당한 손실이 될 것이다.

가령 하루 24시간 중에도 공부를 하는 시간과 노는 시간 사이에 다소나마 빈 시간이 몇 번인가 있을 것이다. 그런 때 멍하니 하품이나 하고 있으면 안 된다. 어떤 책이라도 좋다. 가까이 있는 책을 손에 들고 읽는 게 안 읽는 것보다는 나을 것이다.

공부만이 아니다. 놀이를 하는 것도 때로는 필요하다고 전에도 말한 적이 있다. 인간은 놀이를 통해서 성장하고 어른이 된다. 허세를 부리지 않을 때의 인간의 참모습을 가르쳐주는 것도 놀이이다. 그러니까 놀고 있을 때도 그냥 시간을 낭비하는 게 아니라 마음을 집중해서 놀아라. 그러면 놀이의 의미가 달라질 것이다.

놀이에는 유익한 놀이가 있고 해로운 놀이가 있다. 나는 네가 유익한 놀이라면 마음껏 즐기기를 바란다. 네 나이 때는 놀이에 열중하는 것이 지극히 당연한 일이며, 또 놀고 있는 모습이 가장 어울리기도 한다. 그러나 놀이를 잘못 선택하면 그릇된 방향으로 빠져나갈 위험이 많다. 가령 '한량'다운 것이 매우 멋스럽게 보이고, 그러다가 자칫 절제 없는 생활에 빠져들 수도 있는 것이다.

별로 말하고 싶지는 않지만 너에게 교훈이 될까 해서 창피를 무릅쓰고 나 자신의 체험을 털어놓겠다. 나도 한때 한량 같은 생활이 멋스럽다고 여긴 미련한 사람 중 한 명이었다. 그래서 미련한 사람들로부터 한량답다는 소리를 들으려고, 본래 별로 좋아하지도 않는 술을 마구 마신 적이 많다. 그리고 마신 다음에는 숙취에 괴로워하고, 그러면서도 또 술을 마시는 나날을 지낸 적도 있다. 도박도 그렇다. 비교적 돈에 자유로웠던 나는 돈이 탐이 나서 도박을 한 적은 한 번도 없었다. 그래도 도박을 한다는 것이 신사의 필수 조건이라 생각하고, 별로 즐기지 않으면서도 인생에게 가장 중요한 시간을 도박에 파묻혀 지내기도 했다. 덕분에 나는 인생의 참다운 즐거움을 잃어버렸다.

비록 짧은 기간 동안이나마 한량인 체하려고, 또는 신사다운 조건을 갖추려고 했던 행동이 얼마나 어리석은 짓이었는지를 나중에야 깨달았다. 그리고 바로 술이며 도박을 끊었지만, 지금도 그 당시를 생각하면 끔찍스럽기만 하다.

내가 창피를 무릅쓰고 이런 체험담을 털어놓는 것은 네가 스스로 자기의 진정한 즐거움을 찾아내기를 바라기 때문이다. 소모적인 놀이에 끌려다녀서는 안 된다. 남들이 다 한다고 해서 자기도 덩달아 할 필요는 없다. 나는 나, 너는 너라고 생각해야 한다. 우선 지금 현재 네가 즐기고 있는 놀이를 전부 염두에 두고, 그것들을 그대로 계속하면 앞으로 어떻게 되는가를 깊이 생각해보아라. 그다음의 결정은 너 자신에게 맡기겠다.

도박도 전혀 하지 말라는 것은 아니다. 큰돈이 아니라면 작은 돈을 걸고 여러 종류의 친구들과 한때를 즐기는 것도 나쁘지는 않다. 그렇게 해서 여러 가지 환경에 순응하는 것도 중요한 일이니까. 다만 거는 돈만은 신중을 기해야 한다. 이기든 지든 그것으로 생활이 바뀔 정도면 안 된다. 물론 도박으로 인해 이성을 잃고 다투는 것처럼 어리석은 짓도 없다.

네가 마음먹기에 따라서는 얼마든지 즐거운 시간을 가질 수가 있다. 독서를 하는 것도 좋고, 분별 있는 교양인과 유익한 얘기를 나누는 것도 좋다. 가능하다면 나보다 우수한 사람인 경우가 좋다. 평범한 사교인과도 남녀를 가리지 않고 빈번히 교류하는 것도 좋다. 그들과의 대화 내용이 비록 알찬 것이 아니라 해도 함께 있으면 마음을 풀고 솔직해질 수가 있으며 기운도 난다. 그리고 그렇게 시간을 보내는 동안 사람을 대하는 방법도 배울 만한 것이 많다.

내가 만약에 너와 같은 나이로 되돌아갈 수 있다면, 나는 지금처럼 즐거운 시간을 갖고 싶다. 대단히 분별 있고 가치 있는 생활이라고까지는 말할 수 없겠지만, 내게는 진정으로 참다운 놀이이기 때문이다. 참다운 즐거움을 아는 사람은 도락이니 오락에 마음이 사로잡히지 않는다. 그런 즐거움을 모르는 사람만이 도박을 참다운 즐거움이라고 착각하는 것이다.

양식이 있는 사람이라면 술에 취해 곤드레만드레가 되어 비틀대는 사람과 친구가 되려 하지는 않을 것이다. 갚을 능력도 없으면서 큰돈을 걸고 노름을 하다 져서 염치를 잃고 상대방에게 욕지거리를 퍼붓는 사람과 어울리겠다는 사람도 없을 것이다. 방탕 끝에 성병에 걸려서 코가 썩어 문드러지고 발을 질질 끌고 다니는 사람과 친해지려는 사람이 어디 있겠느냐.

참다운 놀이를 알고 있는 사람은 품위를 잃는 일이 없다. 적어도 악덕을 본뜨는 일은 없다. 불행하게도 부적절한 행위를 해야만 할 때라도 대상을 고르고 사람들이 모르게 슬쩍 할 것이다. 굳이 나쁜 체하지는 않는 것이다.

진지하게 일을 하고 여기에 기쁨을 느낄 줄 아는 사람만이 놀이에서도 기쁨을 느낄 수 있는 것이다. 그런 의미에서는 고대 아테네의 장군 알키비아데스Alkibiades는 합격점을 줄 수 있을 것이다. 분명 그는 이루 말할 수 없이 방탕을 저질렀지만, 누구 못지않게 학문이며 업무에도 충실했다. 카이사르Caesar도 마찬가지이다. 그도 놀이에만 빠지지 않고 일도 열심히 했다.

놀기만 하는 인생은 바람직하지도 않거니와 아무 재미도 없다. 매일 열심히 일을 하기 때문에 마음도 몸도 놀이를 참으로 즐길 수가 있는 것이다. 정신 수준이 낮은 생활을 하는 사람은 쾌락만을 추구하며 품위가 없는 놀이에 빠져들기가 쉽다. 한편 정신 수준이 높은 생활을 하는 사람들, 좋은 벗들(도덕적으로 좋다고는 말하지 않겠다)에게 둘러싸인 사람들은 세련되고 조금도 품위를 잃지 않는 놀이를 즐길 게 틀림없다. 양식이 있는 훌륭한 인간은 놀이가 목적이 되어서는 안 된다는 것을 잘 알며, 또 스스로 놀이를 목적으로 삼지도 않는 것이다. 그들은 잘 알고 있다. 놀이란 단순한 위안이며, 보상에 지나지 않는다는 것을."

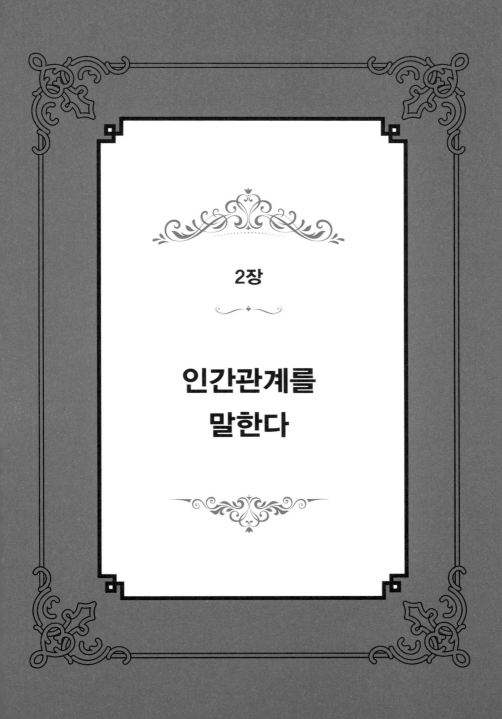

2장

인간관계를
말한다

자기보다 나은 친구를
사귀어라

붉은 물감은 붉게 만들고, 검은 물감은 검게 만드는 법이다
—

      우리는 집에서 한 발자국만 밖에 나가면 남들과 어울려서 살아가야 하는 사회의 일원이 된다. 우리가 관계를 맺는 사람들 중에는 잘난 사람도 있고 못난 사람도 있다. 지위가 높은 사람도 있고 낮은 사람도 있다. 우리에게 이로운 사람도 있고 해로운 사람도 있다. 때로는 우리에게 전혀 선택의 여지가 없는 인간관계도 있다. 그렇다고 아무하고나 가까워질 수는 없는 일이다. 우리는 사귀는 사람들로부터 알게 모르게 영향을 받기 때문이다.

  공자는 사람을 골라 사귀라면서 이렇게 말했다.

  "착한 사람과 함께 지내면 마치 지란芝蘭의 방에 든 듯하여 오래되면 그 향기를 맡지 못하더라도 곧 그와 더불어 감화될 것이며, 착하지 못한 사람과 함께 지내면 마치 생선가게에 든 듯하여 오래되면 그 냄새를 맡지 못하더라도 역시 그와 더불어 감염될 것이다. 붉은 물감에 간수된 것은 붉어지고, 검은 물감에 간수된 것은 검어지는 법이다. 그러므로 군자는 반드시 함께 지낼 사람을 신중하게 고른다.”

공자의 제자인 자하가 자장에게 친구와 사귀는 법에 대해서 물었다. 자장은 그에게 되물었다.

“자네는 선생님께 어떻게 배웠느냐?”

“공자님께서는 훌륭한 인물을 골라서 사귀어라, 바람직하지 않은 인물은 멀리하라고 가르침을 주셨다.”

“그러냐. 나는 선생님께 이렇게 배웠다. 덕이 있는 사람에게는 존경의 마음으로 대하는 동시에 쓸모없는 인물에게도 관용의 태도로 대하는 것이 군자다운 짓이라고. 이쪽의 덕이 더 높다면 상대방이 누구든 포용할 수가 있다. 반대로 이쪽이 부덕하다면 상대방은 나를 가까이 해주지 않을 것이다. 그러니 굳이 사람을 골라서 사귈 필요는 없지 않겠느냐.”

아무래도 자하는 이상론을 편 것이며, 자장은 현실론을 말한 것 같다. 자하의 풀이를 따른다면, 나보다 훌륭한 사람은 나를 상대해주지 않을 것이며, 또 그처럼 훌륭한 사람이라면 그가 사귈 사람은 없어질 것이다. 또한 사람을 가려서 사귈 수 있을 만큼 세상이 너그러운 것도 아니다. 그렇다고 해서 “이놈도 좋다, 저놈도 좋다”라면서 닥치는 대로 아무하고나 사귀라는 뜻도 아니다. 공자의 말은 되도록 훌륭한 사람과 사귀면 훈습薰習이 된다는 뜻으로 풀이하는 게 좋을 것이다.

훈습에 대해서는 《안씨가훈》도 이렇게 말하고 있다.

"사람은 누구나 소년 시절에는 정신이 단단히 박혀 있지 않고 정서가 불안정하기 때문에 평소에 같이 있는 사람의 영향을 받기 쉽다. 따라서 차츰 감화를 받아서 말하는 법이나 웃는 법, 걸음걸이마저 자기도 모르는 사이에 닮아간다. 그리고 품행이 방정한 사람과 함께 있는 것은 향기로운 꽃이 있는 방에 들어간 것과 같으며, 한참 지나면 그 향기가 몸에 배어 자기 몸에서도 향기가 나는 법이다. 반대로 품행이 나쁜 사람과 함께 있는 것은 생선가게에 들어간 것과 같아서 한참 후에는 생선 냄새가 몸에 배어 온몸에서 생선 비린내가 나는 것이다. 현인은 흰 실이 어떤 색깔에도 물드는 것을 보고 서글퍼했다고 하는데 이를 두고 한 말이다. 따라서 군자는 교제를 조심해야 한다."

《채근담》은 못된 친구를 두지 말라고 다음과 같이 경고하고 있다.

"젊은이를 교육하는 것은 세상물정을 모르는 딸을 기르는 것과 같다. 특히 교우 관계에는 신경을 써야 한다. 한 번이라도 못된 자와 가까이하면 어떻게 되는가? 그것은 마치 미전美田에 잡초의 씨를 뿌리는 것과도 같은 것이다. 언제나 좋은 수확을 거두기를 기대할 수는 없다."

친구가 누구냐에 따라 그 사람의 평가는 어느 정도 결정된다
—

체스터필드는 친구를 잘 사귀라고 아들에게 이르면서, 사람

사귀는 법을 다음과 같이 자상하게 가르쳐주었다.

"이 편지를 받을 무렵에는 아마도 너는 토리노로 거처를 옮기고 공부할 준비에 바쁘리라 생각한다.

듣자 하니 토리노의 전문학교에는 평판이 좋지 않은 영국인들이 많이 있다는데 네가 지금까지 쌓아 올린 것을 결딴내지나 않을까 걱정이 태산 같다. 어떤 사람들인지는 모르지만 그들이 한 패가 되면 거친 행동을 하고 무례한 짓들을 저지르면서 옹졸한 마음을 보여주고 있다고 들었다.

그들이 그런 포악한 행동을 그들끼리만 저지른다면 좋겠지만, 그 정도로 만족할 사람들은 아닌 것 같다. 자기들 패에 들어오지 않겠느냐고 압력을 가하면서 짓궂게 군다더라. 그리고 자기네들 뜻대로 되지 않으면 이번에는 우롱하거나 야비한 수법을 쓴다더라. 네 또래의 경험이 적은 젊은이에게는 그런 게 효과가 있을 것이다. 부디 이런 것에 말려들지 않도록 조심하라.

대체로 젊은 사람들은 남이 무슨 부탁을 해오면 좀처럼 싫다고 말하지 못하는 법이다. 싫다고 말하면 체통에 관계된다고 여기기 때문이다. 그런데다 응하지 않으면 상대방에게 미안한 느낌도 들 것이다. 따돌림을 당하고 싶지 않은 생각도 들 것이다. 그런 생각 자체는 나쁘지가 않다. 상대방의 비위를 맞추려 하고 기쁘게 해주고 싶은 마음은 상대방이 좋은 사람이라면 좋은 결과를 낳는다. 그러나 그렇지 않은 경우에는 어쩔 수 없이 상대방에게 끌려 들어가는 최악의 결과를 낳는다. 자기에게 결점이 있다면 자기 결점만 갖는 것으로 끝내라. 남의 나쁜 점을 흉내 내어 결점을 늘리지 않도록 하여라.

토리노의 대학에는 각인각색의 사람이 있을 것이다. 그런 사람들과 당장 친해지고 친구가 될 수 있다고 생각한다면 큰 잘못이다. 참다운 우정이란 그렇게 간단히 얻어지는 것은 아니다. 오랜 시간에 걸쳐서 서로를 잘 알고 이해하게 되지 않으면 참다운 우정이란 자라지 않는 것이다.

그런데 우정에는 이름뿐인 우정이라는 것도 있다. 젊은이들 사이에 흔한 것은 이런 겉치레의 우정이다. 이런 우정은 잠시 동안은 따스하지만 한참 지나고 나면(다행스러운 일이지만) 식어버린다. 우연히 알게 된 사람들이 함께 무절제한 행동을 하거나 노는 데 정신이 팔리게 되는 게 고작이다. 그런 것은 이를테면 속성 재배의 우정일 뿐이다. 술과 여자, 놀이만으로 결합한다는 것이 얼마나 대단한 우정이 되겠느냐.

자기네의 값싼 관계를 우정이라고 부르고, 함부로 돈을 빌리고 꿔주고 '친구'를 위한다면서 소동에 말려들어서 싸움질이나 하고 돌아다닌다. 이런 사람들은 한번 사이가 벌어지면 이번에는 눈 하나 깜짝하지 않고 상대방을 비방하고 돌아다닌다. 여기서 네가 주의해야 할 것은 친구와 놀이친구는 다르다는 것이다. 같이 있으면 즐겁다고 해서 좋은 친구가 되는 것은 아니다. 친구감으로 어울리지 않는 인물이기도 하고 유해무득한 인물일 수도 있다.

어떤 친구를 가지고 있느냐에 따라서 그 사람의 평가는 어느 정도 결정된다고 할 수 있다. 부도덕한 사람이나 어리석은 사람을 친구로

갖고 있으면 그 사람도 의심받게 되는 것이다. 주의해야 할 것은 부도덕한 사람이나 어리석은 사람이 접근해왔을 때, 그가 알아차리지 않도록 해가며 몸을 피하는 것은 당연한 노릇이다. 그리고 필요 이상으로 냉랭하게 굴어서 적으로 돌려서도 안 된다. 친구로 삼고 싶지 않은 사람은 수없이 많겠지만, 그들을 적으로 만드는 것은 현명한 행동이 못 된다.

나라면 적도 아니요 내 편도 아니라는 중간적인 입장을 취하겠다. 이것이 안전한 방법이다. 나쁜 짓이나 어리석은 짓은 미워하되, 개인적으로는 적대 감정을 가져서는 안 된다. 한번 그들이 적개심을 품게 만들면 그들과 친구가 되더라도 뒤끝은 좋지 않은 법이다. 중요한 것은 상대가 누구이든 말해서 좋은 것과 안 되는 것, 해서 좋은 것과 안 되는 것을 잘 분간해서 자제하는 것이다. 나에게 분별이 있는 체한다는 것은 가장 나쁜 자세이다. 그것은 상대방의 비위를 건드리게 되거나, 오히려 상대방을 화나게 만드는 경우가 많다.

그럼 어떤 사람과 사귀어야 하나? 우선 될 수 있으면 자기보다 훌륭한 사람들과 어울리려고 노력해라. 훌륭한 사람들과 어울리면 자기도 그 사람들과 같이 훌륭하게 된다. 반대로 자기만도 못한 사람과 어울리면 자기도 그 정도의 사람이 되어버린다. 전에도 말한 적이 있지만 사람은 같이 어울리는 사람 여하에 따라서 변하는 것이다.

여기서 훌륭한 사람이라고 내가 말하는 것은 집안이 좋다거나 지위가 높다는 뜻이 아니다. 속이 꽉 차 있고 세상 사람들이 훌륭하다고 인정하는 사람들을 말한다. '훌륭한 사람'에는 크게 말해서 두 가지가 있다. 하나는 사회에서 주도적인 역할을 하는 사람, 사교장에서 화려한 활동을 하는 사람 등 사회적으로 뛰어난 사람들이다. 또 하나는 특수한 재능이 있거나 개성이 있는 사람, 그리고 특정 분야의 학문이나 예술에서 뛰어난 사람들을 말한다. 그것도 자기 자신이 그렇게 생각하는 것이 아니라 사람들 모두가 훌륭하다고 인정하는 사람이라야 한다. 물론 여기에는 예외적인 인물이 있을 수 있다.

그런 의미에서 신분이 높은 사람들만의 어울림은 다른 사람들이 훌륭하다고 인정하지 않는 한 바람직하다고 할 수는 없다. 신분이 아무리 높아도 머리가 텅 비어 있는 사람, 기본적인 예법을 모르는 사람, 아무 쓸모도 없는 사람이 있기 때문이다. 학식이 풍부한 사람들만의 그룹도 마찬가지이다. 세상 사람들이 정중하게 그들을 대하고 존경하는 것은 사실이지만, 어울리는 데 적합한 그룹이라고는 말하기가 어렵다. 앞에서도 말한 바 있듯이 그들은 편한 마음으로 처신할 줄을 모른다. 세상을 모르고, 또 학문밖에 모르기 때문이다.

그런 그룹에서 어울릴 만한 능력이 너에게 있다면 이따금 얼굴을 내미는 것도 나쁘지는 않다. 너에 대한 세상 사람들의 평가가 오르면 올랐지, 내려가지는 않을 것이다. 그렇지만 그 속에 묻혀버린다면 어떻게 될까? 세상을 모르는 학자라는 딱지가 찍혀서 사회에서 활약할 때 지장을 주지 않겠느냐?

재치가 넘치는 인물이나 시인은 거의 모든 젊은이가 함께 있고 싶어 하는 상대일 것이다. 자기에게도 그만한 재치가 있다면 다시없이 즐거울 것이며, 없는 사람은 그들과 어울리게 되면 우쭐해지기도 할 것이다. 그러나 그런 재치가 넘치고 매력적인 인물과 어울리는 경우에도 거기에 빠져들면 안 된다. 끝까지 판단력을 잃지 않고 적당히 어울리는 것이 좋다.

재치라는 것은 사람들이 그저 반갑게 받아들이는 것은 아니다. 오히려 공포심을 불러일으키는 경우도 있다. 일반적으로 주위에 사람의 눈이 있을 때는 날카로운 재치를 두려워하는 법이다. 그것은 부인네들이 총을 보고 두려워하는 것과 같다. 저절로 안전장치가 풀어지고 총알이 자기를 향해 날아오지나 않을까 생각하는 것이다. 하지만 이런 사람들과 친교를 맺는다는 것은 그 나름대로 의미가 있고 즐거운 것이다. 다만 아무리 매력이 있다 해도 다른 사람들과 어울림을 끊고 그 사람하고만 어울리는 것은 별로 바람직한 일은 아니다."

좋은 친구와의 우정은
평생 간다

중국 사람들은 "2사3형5우"라는 말을 즐겨 한다

—

중국 사람들은 "2사師3형兄5우友"라는 말을 즐겨 한다. 스승처럼 섬길 만한 사람이 2명 있고, 형처럼 따를 수 있는 사람이 3명 있고, 참다운 친구가 5명쯤 있으면 좋겠다는 것이다. 너무 욕심이 많은 것 같다. 그러나 그렇게 스승처럼 모실 수 있고, 형님처럼 따를 수 있고, 두터운 우정을 나눌 수 있는 친구가 5명쯤 있다면 그 사람은 다시 없이 행복하다고 할 수 있을 것이다.

혹은 5명의 친구는 너무 적다고 생각하는 사람도 있을 것이다. 그러나 참다운 친구를 5명 만나기란 그리 쉬운 것이 아니다. 또 자기는 손꼽을 수 없을 만큼 친구가 많다고 생각하는 사람일수록 사실은 친구다운 친구를 만나지 못했기 때문인지도 모른다.

유유상종이라는 말이 있다. 비슷한 사람끼리 어울린다는 것이다. 요새 말로 한다면 코드가 맞는 사람끼리 어울려 지낸다는 뜻이 될 것이다. 세르반테스Miguel de Cervantes도 돈키호테Don Quixote의 입을 빌려서 다음과 같이 말했다.

"자네가 누구와 어울리고 있는가를 말해라. 그러면 자네가 어떤 사람인가를 말해주겠다."

비슷한 말을 마키아벨리Niccolò Machiavelli도 했다.

"사람을 평가하는 데 가장 간단하고 확실한 방법은 그가 어떤 사람들과 어울리는가를 보는 것이다."

옛날부터 중국 사람들이 이상으로 삼은 우정을 다음과 같이 여러 가지로 표현해왔다. 친구란 꼭 그래야 한다기보다는 그랬으면 좋겠다는 하나의 희망을 표현한 것이리라.

문경지교刎頸之交. 상대방을 위해 목숨도 버릴 정도의 관계.

수어지교水魚之交. 물과 붕어와 같은 깊은 인연의 관계.

단금지교斷金之交. 마음을 합쳐서 불가능을 가능하게 할 정도의 관계.

금란지교金蘭之交. 서로 마음이 같아서 주위를 탄복시킬 정도의 깊은 관계.

망년지교忘年之交. 서로 나이의 차이를 잊게 할 정도로 기탄없는 관계.

포의지교布衣之交. 서로가 신분의 차이와 이익을 따지지 않는 관계.

막역지우莫逆之友. 무슨 말을 해도 마음에 걸리지 않는 관계.

죽마지우竹馬之友. 대나무 말을 타고 놀던 어린 때부터 친한 관계.

공자에 의하면 도움이 되는 친구에는 3가지가 있다. 하나는 매우 강직하고 곧지 않은 것을 싫어하는 사람이다. 그런 사람은 나의 잘못을 기탄없이 지적해준다. 그래서 내가 혹 잘못하는 일이 있어도 고칠 수 있게 한다. 또 성실한 사람이 있다. 그런 사람과 사귀면 자연히 감화되어 그릇된 길에 빠져들지 않게 된다. 그리고 박식한 사람이 있다. 그런 사람은 내가 향상하는 데 도움이 된다. 이들을 두고 익자삼우益者三友라고 한다.

한편 사귀어서 해가 되는 벗이 셋 있다. 하나는 편벽便辟이라고, 무책임하게 그때그때 적당히 장단을 맞춰가며 편하게 살려는 사람이다. 두 번째가 선유善柔라고, 기골이 없이 흐물흐물하고 말만 달콤하게 잘하는 사람이다. 세 번째가 편녕便佞이라고, 알맹이는 없이 사람의 마음에 들도록 본심을 속이고 적당히 듣기 좋은 말만 하는 사람이다. 이들을 두고 손자삼우損者三友라고 공자는 말했다.

관중과 포숙아는 속마음을 터놓고 가까이하여 뜻과 기개가 합하였다

—

《관자管子》에 이런 말이 있다.

"1년 동안의 계획은 곡물을 심으면 된다. 그러면 1년 동안 먹고 살기는 걱정하지 않아도 된다. 10년 동안의 계획을 세운다면 나무를 심어야 한다. 그러면 단단한 집을 한 채 지을 수가 있다. 그러나 일생 동안의 계획을 세운다면 좋은 친구와의 우정을 다져야 한다.”

《관자》의 작자는 관중管仲이다. 관중에게는 포숙아鮑叔牙라는 절친한 친구가 있었다. 젊었을 때 둘은 장사를 같이 한 적도 있었다. 그때 그 이익을 포숙아는 거의 전부 관중에게 주었다. 관중이 자기보다 가난하기 때문에 으레 그래야 한다고 여겼던 것이다. 언젠가는 또 포숙아를 위해 관중이 일을 한 적이 있다. 그러나 이 때문에 오히려 포숙아가 화를 입었지만, 포숙아는 관중을 조금도 원망하지 않았다.

그 후 둘은 제각기 다른 길을 걷게 되었다. 그리하여 관중은 제나라 환공桓公의 형인 규糾의 오른팔이 되고, 포숙아는 환공의 참모가 되었다. 그런데 제나라의 임금이 죽자 임금 자리를 놓고 환공과 규가 다툰 끝에 환공이 이겼다. 후계자 다툼에서 패한 규는 환공에게 강화를 청했다. 이때 환공은 이를 받아들이는 조건으로 규의 처형과 규의 참모인 관중의 인도를 요구해왔다.

이리하여 관중이 죽음을 각오하고 환공에게 가자 뜻밖에도 환공은 그를 재상으로 임명하는 것이었다. 당초 환공은 포숙아를 재상 자리에 앉히려 했었다. 그러나 포숙아는 이를 사양하면서 이렇게 진언했다.

“전하께서 한낱 제나라의 군주에 만족하시겠다면 이런 저라도 도움을 드릴 수 있을지 모르겠습니다. 그러나 천하의 패자가 되시려 한다면 저 정도의 능력으로는 충분한 보좌를 해드릴 수 없습니다. 저보다는 오히려 관중이 격에 맞습니다. 그만한 인재는 천하에 둘도 없습니다."

이리하여 재상이 된 관중은 그 후 환공이 춘추 시대의 패자가 되는데 지대한 공헌을 했다. 공자도 그를 높이 평가했다. 이것이 두보杜甫가 '관포지교管鮑之交'라고 찬양한 고사이다.

《사기》에는 '관포지교'에 대해서 다음과 같이 서술하고 있다.

"두 사람은 한때 공동으로 사업을 한 일이 있었다. 자금은 포숙아가 대고 실제 경영은 관중이 맡았다. 이익금을 나누어 가져야 할 터인데도 번번이 관중이 독차지하다시피 했다. 그러나 포숙아는 이를 탓하지 않았다. 오히려 관중이 가난하기 때문이라고 너그럽게 이해하였다. 두 사람이 한번은 함께 전쟁에 나갔다. 싸움터에서 관중은 세 차례나 도망을 쳤다. 그런데도 포숙아는 그를 비겁자라고 탓하지 않았다. 오히려 관중에게는 노모가 계시기 때문이라고 그를 비호했다."

관중은 나중에 기회가 있을 때마다 주위 사람들에게 "나를 낳은 것은 어버이이지만, 나를 아는 것은 포숙아이다"라고 자랑했다.

퇴계도 '관포지교'에 대해서 자손들에게 다음과 같이 설명했다.

"관중과 포숙아는 서로 잘 아는 친구로서 사귀어 속마음을 터놓고 가까이하여 뜻과 기개가 합하였다. 무릇 친구라 함은 주고받는 일도 함께 도모하는 자라, 이해타산으로 사귀게 되면 오래지 않아 정분이 멀어지기 마련이다."

어쩌다 "나는 친구가 많다"라고 자랑하는 사람이 있다. 그런 사람에게 "친구가 많이 있다는 것은 친구가 전혀 없다는 것이다"라는 아리스토텔레스Aristoteles의 말을 들려주고 싶다.

우리는 진짜 친구다운 친구와 가짜 친구를 가려내기 힘든 세상을 살고 있다. 가짜 돈을 속아서 받는 것은 불행한 일이지만 그런 불행은 얼마든지 견딜 수도 있고, 또 가짜라는 것을 간파할 수도 있다. 그러나 주변에서 가짜 친구를 알아채기란 대단히 힘든 일이다.

다산의 인척 아들 중에는 못된 짓을 예사로 하는 젊은이들이 있었던 모양이다. 다산은 자기 아들이 그들과 어울리지나 않을까 걱정하여 다음과 같은 편지를 써 보냈다.

"가노家奴가 전해준 얘기를 들으니, 어떤 소년이 두 집안의 상인喪人과 함께 무뢰배들을 모아 종의 거소에 들어서 여종을 즐긴 후 주먹으로 때리고 발길질을 했다는데 참으로 놀랄 일이로다. 글공부를 하여 얌전한 행실로 하늘의 어진 뜻에 보답할 수 없는 놈들이라면, 잔약하고 용렬하게 오그라들어서 없어져버려야 한다. 지금도 떼거리를 지어 마을 거리를 횡행하면서 이따위 못된 짓을 계속하고 있다니 머지않아 도적 될 것이 뻔한 이치니, 그 징조가 대단히 좋지 않은 것이며, 뭇사람의 모골을 송연하게 하는구나. 너희가 그자들과 인척 관계가 있다 하여 멀리 끊어버리지 않는다면 장차 큰 낭패를 당할 것이다."

다언은
일묵만 못하다

흰 구슬의 흠은 없앨 수 있지만, 한번 뱉은 말은 돌이킬 수 없다
—

공자의 말에 다음과 같은 것이 있다.

"사람이 저질러서는 안 될 세 가지 잘못이 있다. 하나는 아직 말할 때가 안 되었는데 말해버리는 잘못이다. 이것을 조躁라고 한다. 두 번째로는 말해야 할 때가 되었는데도 말하지 않는 잘못이다. 이것을 은隱이라고 한다. 세 번째가 상대방의 안색을 살피지도 않고 불쑥 말하는 잘못이다. 이것을 고瞽라고 한다."

이 말 앞머리에는 '임금 앞에서'라는 전제가 달려 있다. 그러나 이것은 비단 윗사람 앞에서만 주의할 일이 아니다. 친구지간에서도 저질러서는 안 될 잘못들이다.

어느 날 디드로Denis Diderot가 볼테르Voltaire를 찾아왔다. 그러고는 숨 쉴 사이도 없이 청산유수로 말을 이어나갔기 때문에 볼테르는 한 마디도 말 붙일 수가 없었다. 디드로가 간 다음에 볼테르는 사람들에게 말했다. "그는 대단한 인물이지만 불행히도 하늘은 그에게 회화의 재능만은 주지 않았다." 디드로는 세 번째의 잘못인 '고'를 저질렀던 것이다.

"너무나도 긴 웅변은 듣는 사람을 따분하게 만든다."

파스칼Blaise Pascal의 말이다.

말을 많이 하지 말고 말을 아끼라는 것은 말이 많은 사람은 자칫 자기도취에 빠져서 자기 재간에 자기가 넘어가기 쉽기 때문이다.

조조가 천하의 실권을 잡고 있을 때, 거듭되는 흉년으로 군대의 식량이 모자라게 되었다. 그런데 식량을 술을 담그는 데 쓰면 식량난이 더 심해져서 군대가 고생하게 된다. 그래서 양조를 금하는 법령을 내렸다. 그런 다음 조조는 공자의 20대손이라는 공융孔融에게 편지를 보내어 '술에 빠져서 나라가 망한 예가 많다'라는 이유를 들었다. 편지를 받아 든 공융은 다음과 같은 답장을 써 보냈다.

"과연 술에 빠진다는 것은 좋은 일은 아닙니다. 그러나 인의에 빠져서 나라를 망친 서나라도 있으며, 유학에 빠져서 망한 노나라의 예도 있습니다. 하나라의 걸왕과 은나라의 주왕은 여색에 빠져서 나라를 망쳐놓았습니다. 그러니까 술만이 아니라 도덕도 학문도 혼인도 모두 금지해야 합니다. 그런데 술만을 금지하려고 합니다. 왜 군량이 필요해서 그런다고 솔직하게 말하지 않습니까?"

공융은 그렇게까지 까놓고 조조의 아픈 데를 찌를 필요는 없었다. 그는 어렸을 때 천재라는 소리를 들었다. 하루는 진위陳煒라는 고관이 공융에게 충고 삼아 다음과 같이 말했다.

"천재 소년이 자라면 평범한 사람이 되고 마는 경우가 많다."

그 말을 받아서 공융이 이렇게 응수했다.

"그렇다면 당신도 대신동이었겠네요."

이렇게 자기 재주를 주체하지 못한 공융이 온전할 수는 없었다. 나중에 조조는 여러 가지 이유를 달아서 공융을 체포하여 처형했다. 공융은 처형당하기 직전에 마지막 시를 지었는데, 그 속에 '말이 많으면 패망한다言多令事敗'는 말이 들어 있었다.

말한 다음에 후회하는 일은 흔하지만, 말을 하지 않아서 후회하는 일은 드물다. 그래서 다언多言은 일묵一黙만 못하다고도 한다.

한시 중에 경솔한 발언을 삼가라는 뜻으로 《시경詩經》에 나오는 말이 있다.

"흰 구슬의 흠은 다시 갈 수가 있지만, 한번 입에서 나온 말의 잘못은 돌이킬 수 없다(白圭之玷/ 尙可摩也/ 斯言之玷/ 不可爲也)."

말을 삼가할 줄 아는 사람만이 말을 잘할 수 있다
—

물론 말을 삼가라는 것은 말해야 할 때도 입을 다물고 있어야 한다는 것이 아니다. 다만 말을 삼가는 줄 아는 사람만이 말을 잘

할 수 있다는 뜻이다.

명군이란 소리를 듣던 당唐 태종太宗은 이렇게 자계하는 말을 남겼다. "말이란 군자에게 더없이 중요한 것이다. 사람과 말을 한다는 것은 심히 어렵다. 보통 서민 사이에서도 사람과 말을 할 때 한 마디라도 상대방의 비위에 거슬리는 말을 한다면 상대방은 그것을 잊지 않고 언젠가 보복을 하는 법이다. 항차 천하를 다스리는 군주라면 신하에게 말을 할 때 사소한 실언도 있어서는 안 된다. 임금은 사소한 실언이라도 영향이 대단히 크다."

그래서 천자의 말을 윤언綸言이라 하고, '윤언은 땀과 같다'는 표현도 나왔다.

말을 한다는 것은 문장을 짓는 것과 같다. 한 자 한 자를 마음속에서 확인해나가야 한다. 마음이 곧 원고이며, 입은 그대로를 옮겨놓는 역할을 할 뿐이다.

말은 한번 입 밖으로 나가면 취소하지 못한다. 우리나라의 권력자들은 자기가 한 말이 나중에 말썽이 나면 "내가 말한 뜻은 사실은 그런 게 아니다", 심지어는 "그런 말을 한 적이 없다"라며 민망스러울 정도로 변명하기에 바쁘다. 그들은 '새가 새장 밖으로 나가면 다시 잡아서 가둘 수 있지만, 입 밖으로 나간 말을 잡아들이지는 못한다'라는 속담을 모르는가 보다. 말이 많으면 실수를 저지르기 쉽고, 말재간을 부리면 부메랑처럼 뒤탈이 따른다는 것 정도는 알 만한 사람들인데도 말이다.

이렇게 말이 많으면 실언도 그만큼 많아지는 법인데 잘난 사람은 잘난 대로, 못난 사람은 못난 대로 말하기를 좋아한다. 특히 요즘과 같은 자기 홍보 시대에는 스스로 말하지 않으면 누구도 자신을 알아주지 않는다고 생각하기 때문이다.

다산은 아들들에게 허튼소리를 하지 말라고 다음과 같이 일렀다.

"모든 말을 완전무결하게 하다가 한 마디만이라도 잘못하게 되면 깨진 그릇이 되어버리고, 한 마디를 우연히 헛소리하게 되면 도깨비가 되어버린다. 너희는 정말로 조심하도록 해라. 말을 과장되게 하는 사람은 남이 믿어주질 않으며, 더구나 가난하고 천한 사람은 더욱 마땅히 말을 적게 해야 한다."

《채근담》에 이런 구절이 나온다.

"열 마디 중에서 아홉 마디가 옳은 말이라 해도 뛰어난 사람이라는 소리를 듣게 된다는 법은 없다. 단 한 마디라도 틀리는 것이 있으면, 그 한 마디 때문에 사람들로부터 비난을 받게 된다."

그래도 말이 전혀 없는 것보다는 있는 게 낫다고 보는 관점도 있다. 《신음어》에 이런 말이 나온다.

"하루 종일 입을 놀리는데 한 마디도 쓸모 있는 말을 하지 않는 사람이 있다. 그래도 나는 묵묵부답 아무 말도 하지 않는 사람보다는 훨씬 낫다고 생각한다."

아닌 게 아니라 어느 자리에서나 설쳐대는 사람이 있는가 하면, 시종 말 한 마디 없이 가만히 앉아만 있는 사람이 있다. 처음에는 대단히 과묵하고 진득하여 속이 꽉 차 있는 사람처럼 느껴지고 믿음직스럽기도 하다. 그러다가 문득 그가 말할 것이 많은데도 속을 보여주지 않으려고 애써 신중을 기하는 것일까, 하고 궁금해지기도 한다. 그래도 말이 없으면 차츰 답답해지고, 그런 상황이 이어지면 신통한 말을 할 능력이 없어서 말을 못할 뿐이라는 결론을 내리게 된다.

군자의 교제는 물,
소인의 교제는 단술

군자의 사귐은 물과 같고, 소인의 사귐은 단술과 같다
—

사람을 골라서 사귀는 것도 중요하지만, 사람을 잘 사귀는 것도 이에 못지않게 중요하다. 모처럼 만난 좋은 친구감이라도 사귀는 방법이 잘못되면 사이가 멀어지고 안 만난 것만 못한 결과를 낳을 수도 있다.

좋은 친구를 찾는 데는 1년이 걸려도 어렵지만, 친구를 잃는 것은 1시간도 채 걸리지 않는다. 둘이 그럴 사이가 아닌데 어느 사이엔가 남만도 못한 사이가 되어버리는 경우가 있다. 때로는 절친한 친구가 원수처럼 되어버리는 경우도 있다. 예를 들면 아무리 좋은 술이라도 잘 저장해야 한다. 그런가 하면 처음에는 별로 좋은 술이 아니었는데, 오랫동안 잘 양조하면 훌륭한 술이 되는 수도 있다.

《장자莊子》에 나오는 얘기인데 어디까지가 사실인지는 알 수 없다. 공자가 어느 현자에게 이렇게 물은 적이 있다.

"나는 태어난 노나라에서 두 번이나 쫓겨나고, 송나라에서는 큰 나무 밑에 깔려 죽을 뻔도 하고, 위나라에서는 그곳 사람들의 미움을 받아서 내가 남긴 발자국까지도 지워지는 수모를 당하고, 상주商周에서는 음식이 없어 굶어 죽을 뻔했고, 진채陳蔡에서는 주민들에게 포위되어 꿈쩍도 하지 못하게 되는 등 수많은 고난을 겪었습니다. 이런 고난이 거듭되는 동안 이전에 친교를 맺고 있던 사람들과의 사이도 차츰 멀어지고 친구들도 떨어져나가 외톨이가 되어버렸습니다. 도대체 어찌 된 영문인가요?"

현자는 이렇게 대답했다.

"이런 말이 있습니다. 군자의 교제는 담담하기가 물과 같다, 소인의 교제는 달콤하여 감주와 같다고 합니다. 군자의 교제는 친밀하면서도 담담하기 때문에 오래가지만, 소인은 사이가 좋을 때는 더없이 친밀한 듯하면서도 떨어지기도 쉽습니다. 친밀해질 만한 이유가 없는데도 친밀해진 사람은 떨어져나갈 이유가 없어도 떨어져나가는 법입니다.

당신의 경우도 이와 같습니다. 많은 사람과의 친교가 멀어지고 친구들이 떨어져나간 것도 당신이 그 사람들과 천도에 맞는 어울림을 하지 않기 때문입니다."

친하다고 너무 찰싹 달라붙어 있으면 오래가지 않는다. 또 너무 떨어져 있으면 남남처럼 서먹서먹하게 되어버린다. 이렇게 너무 떨어지지도 않고 너무 가까이하지도 않으면서 서로에 대한 존경과 친애를 유지하는 게 담교淡交이자 군자지교라는 것이다.

친구란 타고 있는 석탄과 같다. 적당한 거리까지 접근하지 않으면 따뜻해지지 않는다. 그러나 너무 가까이 다가가면 서로 몸을 태우고 만다. 그러니 아무리 친한 친구라도 너무 가까이 있지 말라.

'부즉불이', 너무 떨어지지도 너무 가까이하지도 말하는 뜻이다

라 로슈푸코Francois de la Rochefoucauld는 친구와 교제에 대해 이렇게 충고하고 있다.

"교제가 즐겁기 위해서는 서로가 행동의 제약을 받지 않을 만한 자유를 유지한다는 것이 필요하다. 서로가 구속을 받지 않고 마음 내킬 때 만나기도 하고 만나지 않기도 하고, 같이 즐기고 또는 같이 따분해질 수 있어야 한다. 헤어져 있어도 서로의 감정이 조금도 변하지 않게 되어야 한다. 혹시 서로에게 거북해질 우려가 있을 때는 서로를 필요로 하게 되어야 한다."

그는 친구는 같이 따분해질 수 있어야 한다고 말했지만, 따분함이 너무 오래가면 관계가 멀어진다. 그래서 "옛 친구와도 늘 새로운 기분으로 어울리는 게 좋다"라고 덧붙여 말하기도 했다. 그러자면 늘 신선한 자극을 주고받을 수 있어야 한다. 그러자면 또 듣기 싫은 말도 할 수 있는 사이라야 한다. 친한 친구라고 늘 듣기 좋은 말만 주고

받을 수는 없다. 또 좋은 친구라고 해서 마냥 옳은 것도 아니며, 자기 잘못을 미처 깨닫지 못하는 경우도 있는 것이다. "세상에서는 서로가 속이고 속지 않으면 도저히 오래 살지 못한다"라고 라 로슈푸코는 말했지만, 절대로 속여서는 안 되는 것이 친구 사이일 것이다.

"친구가 잘못을 저질렀을 때는 간절히 충고해야 한다. 절대로 망설이면 안 된다."

《채근담》에서도 이렇게 말하고 있다. 그리고 여기에는 다음과 같은 토가 붙어 있다.

"친구와는 3할의 의협심을 가지고 사귀며, 훌륭한 사람이 되려면 순수하고 순결한 마음을 잃지 않고 살아야 한다."

의협심이 없으면 친구에게 충고를 하지 못한다. 무엇보다도 중요한 것은 순수한 우정에서 나오는 충고라야 한다는 점이다. 남의 비위에 거슬리지 않도록 겉치레만 번드레한 교언巧言, 겉으로만 애교를 부리는 영색令色, 그리고 겸손이 지나쳐서 비굴할 정도로 허리를 굽히는 족공足恭 등을 삼가야 한다. 특히 공자가 싫어한 것은 마음속으로는 상대방을 경멸하면서 겉으로는 제법 친구인 체하고 어울리는 것이었다. 그러자면 친구 사이에는 이해타산이 있어서는 안 된다. 그렇지 않으면 해야 할 말도 하지 못하게 된다.

"친구들은 나를 치켜세우며 바보로 만들지만, 적은 정직하게 나에게 바보라고 말해준다. 곧 적 덕분에 나를 알게 되고, 친구 덕분에 나를 속이게 된다."

셰익스피어William Shakespeare의 연극 《십이야十二夜》에서 광대 페

스테가 한 말이다. 여기서 그가 말한 친구는 참다운 친구가 아니다.

자공子貢이 공자에게 친구와 사귀는 법을 물었다. 공자는 이렇게 대답했다.

"상대방이 잘못을 저질렀을 때는 성의를 다해서 충고하는 게 좋다. 그래도 안 된다면 잠시 동정을 살펴보아라. 너무 집요하게 충고한다면 상대방이 귀찮게 여기고 자기도 마음이 언짢아질 뿐이다."

담교와 짝을 이루는 말이 '부즉불이不卽不離'이다. 원래는 불전에 나오는 말이라는데, 너무 떨어지지도 말고 너무 가까이 있지도 말라는 뜻이다. 《채근담》에는 다음과 같은 말이 나온다.

"세속과 동조해서도 안 되고 너무 떨어져 있어도 안 된다. 이것이 세상살이의 요령이다. 또 사람들로부터 너무 혐오를 받아서도 안 되고, 그렇다고 해서 호감을 얻을 것만 생각해서도 안 된다. 이것이 일을 할 때의 요령이다."

이것은 처세의 요령을 말한 것이지만 친구와의 관계도 이와 같다.

"훌륭한 사나이라도 때로는 자기를 잊습니다" - 셰익스피어
—

"인간은 인간입니다. 훌륭한 사나이라도 때로는 자기를 잊습니다."

셰익스피어의 《오셀로》에 나오는 말이다. 셰익스피어는 《안토니우스와 클레오파트라》에서 아그리파Marcus Agrippa의 입을 빌려서 이렇게 말하기도 했다.

"신들은 우리를 인간으로 만들기 위해서 무엇인가 결점을 마련해 주신다."

결점이 없는 완전무결한 사람은 없다. 명마는 결점이 많지만 시원 찮은 말은 결점이 하나밖에 없다. 결점이 없기 때문에 큰 인물이 되는 것이 아니라, 많은 결점에도 불구하고 이것들을 뛰어넘을 만큼 장점 이 더 많기 때문이다.

뉴턴Isaac Newton은 누가 뭐라 해도 불굴의 업적을 남긴 천재임에 는 틀림이 없다. 그러나 훌륭한 인격의 소유자라고는 하기 어려울 만 큼 때로는 옹졸하고, 때로는 경쟁심으로 가득한 이중성을 가지고 있 었다. 그는 겉으로는 매우 온화하고 조용한 신사였다. 그런 한편 매우 내성적이며 상처 받기도 쉽고, 이 때문에 남에게 원한을 품는 음험한 면도 있었다. 그는 자기의 업적을 조금이라도 헐뜯는 경쟁자에게는 결코 타협이나 양보를 하지 않을 뿐 아니라, 집요하게 괴롭히기까지 했다.

'후크의 법칙'으로 유명한 후크Robert Hooke는 뉴턴과 대조적인 성 격으로 매우 쾌활하고 호전적이었다. 그는 후배인 뉴턴을 두려워한 나머지 은근히 뉴턴을 괴롭혔다. 그래도 후크가 살아 있는 동안에는 뉴턴은 그에 대한 증오심을 숨겨왔다. 그러나 후크가 죽고 뉴턴이 왕 립협회회장으로 학계를 주름잡게 되자, 84세에 죽는 날까지 오랜 한 풀이를 위해 후크의 업적을 철저하게 말살하는 데 전력을 기울였다. 그는 왕립협회의 사무국장이던 후크의 초상화를 철거시키는 것은 물론 왕립협회에 보존되어 있던 후크의 논문이며 원고들마저 모두 소각시켰다. 그러고도 분이 안 풀린 뉴턴은 왕립협회의 모든 명부에서 후크의 이름을 지워가며 역사적 기록조차 완전히 말살해버렸다.

뉴턴은 후크뿐만 아니라 평소에 자기를 비판한 적이 있는 인물들은 모조리 학계에서 말살하는 공포정치를 폈다. 그 결과 뉴턴 이후의 새로운 수학을 이용하는 해석역학은 영국을 떠나 프랑스에서 발전하게 되었다. 이 때문에 영국의 운동역학과 수학은 유럽 대륙에 비해 100년이나 뒤지는 결과가 되었다.

뉴턴은 케임브리지 대학교 교수직을 그만두고 조폐청 장관이 된 다음에 새로운 도금 기술로 주화를 개량하여 악화를 구축하는 데 공헌하기도 했다. 그러나 그는 악화 주조의 죄로 체포된 범인을 10명 이상이나 사형에 처하는 가혹한 면을 보이기도 했다.

우리는 이런 뉴턴의 부정적인 면에는 여전히 눈을 감고 일절 언급하지 않는다. 그만큼 위대해서인가? 아니면 그의 성격적인 결함은 눈감아줄 만큼 대수롭지 않다고 여긴 때문인가? 그렇다면 만약에 그와 똑같은 면을 우리 주변에 있는 사람에게서 발견했을 때 과연 뉴턴의 경우처럼 너그렇게 눈감아줄 수 있겠는가? 물론 그렇지는 않을 것이다. 우리는 탐탁지 않게 여기는 인물에게서 사소한 결점이나 단점을 발견하면 이를 침소봉대해서 지탄하고, 심지어 그의 장점마저 무시하려 한다.

사랑하지만 결점을 알고, 미워하지만 장점을 알고 있다

—

《신음어》에 이런 말이 나온다.

"시원찮은 인물, 그릇이 작은 인물이라도 어딘가 재능이나 장점은 있다. 그러나 세상에서는 그를 쓸모없는 인물이라고 단정을 내리고, 그의 재능까지도 결점으로 여기고 만다. 군자라는 인물에게도 과실은 있다. 그러나 세상에서는 그를 군자라고 치켜세우는 나머지 그의 못된 점까지도 감싸주려 한다. 이것은 어느 쪽이나 다 편견이라 말하지 않을 수 없다."

나중에 한나라의 고조가 되는 유방劉邦은 한신韓信으로 하여금 조나라를 치게 했다. 조나라에는 이좌차李左車라는 명장이 있었는데, 임금이 그의 작전을 따르지 않았기 때문에 한신에게 대패하고 자신은 포로가 되었다.

한신은 잡혀온 이좌차의 포승을 풀어주고 상좌에 앉힌 다음, 그에게 앞으로의 군략에 대해서 물었다. 이좌차는 다음과 같이 대답했다.

"패군의 장수는 용勇을 말하지 말 것이며, 망국의 대부는 존存을 꾀하지 말라고 했습니다. 저는 패장의 몸, 어찌 대답할 수가 있겠습니까?"

한신이 거듭 몸을 낮추고 묻자, "지자知者에게도 천려千慮의 일실一失이 있으며, 우자愚者에게도 천려의 일득一得이 있다고 합니다"라면서, 자기라면 이렇게 하겠노라며 상세한 전략을 피력했다. 현명한 사람도 때로는 잘못할 수가 있으며, 어리석은 사람도 때로는 성공하는 수가 있다는 것이다.

《예기》에 '애이지기오 증이지기선(愛而知其惡 憎而知其善)'이라는 말이 나온다. 사랑하지만 그의 못된 점을 알고 있으며, 미워하면서도 그의 좋은 점을 알고 있다는 뜻이다. 거꾸로 말한다면 못된 점이 있지만 사랑하며, 비록 좋은 점이 있다 해도 그를 미워한다는 뜻이 되기도 한다.

완전무결한 사람은 없다. 사람에게는 장점도 있고 단점도 있다. '사람이 좋다'라는 것은 장점이기는 하지만, 남에게 넘어가기 쉬운 어리석음이 있다. '이악스럽다'는 것은 너무 타산에 치우쳐서 약게 군다는 단점으로 지적할 만하지만, 반면에 머리가 잘 돌아간다는 장점도 있다. 일을 시키면 재빨리 빈틈없이 잘 처리하는 능력의 소유자인 경우가 많기 때문이다.

술친구는
참다운 친구가 아니다

중국 사람은 취중에도 알고 있는 것의 3분의 1만 말한다

—

우리는 술자리를 서너 번 하고 나면 당장 친구가 된다. 술을 마실 때 그 사람의 모든 것이 잘 드러난다고 여기기 때문이다. 아닌 게 아니라 중국에도 '주후진언酒後眞言'이라는 말이 있다. 술을 마시면서 속을 털어놓고 말해서 비로소 친구가 된다는 뜻이 담겨 있다. 평소에는 매우 조심스러워서 좀처럼 자기 속을 털어놓지 않는 사람도 술이 들어가면 굳게 닫혀 있던 마음의 창문을 활짝 열어놓는다. 적어도 그렇게 사람들은 생각한다.

그래서 흔히 술친구라면 흉금을 털어놓는 사이처럼 착각하기를 잘한다. 아닌 게 아니라 술을 마시면 서양에서도 "break the ice"라면서 상대방과의 사이를 가로막던 벽을 헐어버린다고 한다. 그동안 쌓였던 오해도 술을 마시면서 풀어지는 경우도 많다. 난항하던 까다로운 상담도 술자리에서 쉽게 마무리 짓는 경우도 많다.

사실은 술친구처럼 믿기 어려운 사이도 없다. 중국 사람들은 술 몇 잔 나누었다고 해서 마음을 털어놓지는 않는다. 물론 친구가 되어주지도 않는다.

공자의 75대 직계손인 공건孔健에 의하면, 중국 사람은 '주화삼분酒話三分'이라고, 취중에도 자기가 알고 있는 것의 3분의 1밖에 말하지 않는다. 중국 사람이 능구렁이라서가 아니다. 술에 강해서만도 아니다. 그들은 술자리에서 사귄 친구는 참다운 친구가 아니라고 여기기 때문이다.

《명심보감》에 이런 말이 나온다.

"술 마시고 밥 먹을 때의 형제는 천 사람이나 있더니만 위급할 때의 벗은 하나도 없다."

노아Noah가 홍수가 끝난 다음에 포도나무를 심으려 하자, 악마가 지나가다 물었다.

"무엇을 심으려 하느냐?"

노아가 대답했다.

"포도나무입니다."

악마가 다시 물었다.

"포도나무란 어떤 나무냐?"

"포도는 과일이며, 매우 달콤하고 또 알맞게 짭짤합니다. 이것을 발효시키면 사람의 마음을 즐겁게 만드는 술이라는 것이 됩니다."

"그렇게 좋은 것이라면 나도 도와주겠다."

이렇게 말한 악마가 염소와 사자와 돼지와 원숭이를 데리고 와서 이들을 죽이고 그 피를 포도밭에 뿌렸다. 이 때문에 노아가 술을 마시면 처음에는 염소처럼 비실거리고, 좀 더 마시면 사자처럼 광폭해지고, 더 마시면 돼지처럼 더러워지고, 또 더 마시면 원숭이처럼 떠들썩해지는 것이었다.

퇴계는 이렇게 말했다.

"술은 사람을 미치게 만드는 광약이요, 화를 불러오는 근원이기도 하다. 많이 마시고 취하여 부모도 보살피지 않고 방탕하다 보면 집안을 망칠 뿐만 아니라 다른 사람까지도 망쳐놓게 될 것이다. 그러니 하루에 한 잔 정도 마셔야 한다."

망우물, 술은 능히 백 가지 걱정거리를 털어준다
—

다산은 다음과 같이 아들에게 왜 술을 삼가야 하는가를 설명해주었다.

"나는 아직까지 술을 많이 마신 적이 없고, 내 스스로도 주량이 얼마나 되는지 알지 못한다. 벼슬자리에 오르기 전에 임금님이 효주를 옥필통에 가득 채워서 하사하시기에 사양하지 못하고 하는 수 없이 다 마시기는 했지만, 속으로는 '오늘은 내가 죽는 날이구나' 하고 생각했다. 그런데 그리 심하게 취하지는 않았다.

또 임금을 모시고 공부하던 때 맛있는 술을 큰 주발로 한 잔씩 하사 받았는데, 다른 학사들은 모두 곤드레만드레가 되어 정신을 잃었지만 나는 끄떡도 없이 독서를 계속할 수 있었다. 퇴근할 때야 조금 취기가 있었을 뿐이었다. 그런 내가 평소에 술을 마실 때 반 잔 이상을 마시는 것을 본 적이 있느냐?

참다운 술맛이란 입술에 적시는 데 있다. 소가 물을 마시듯 마시는 사람들은 입술이나 혀에는 적시지도 않고 곧장 목구멍에 탁 털어 넣는데 무슨 맛을 알겠느냐? 술을 마시는 정취는 살짝 취하는 데 있는 것이지, 얼굴빛이 홍당무처럼 붉고 구토를 하고 잠에 곯아떨어져 버린다면 무슨 술 마시는 정취가 있겠느냐? 요컨대 술 마시기 좋아하는 사람들 중에는 병에 걸리기만 하면 폭사暴死하는 사람이 많다. 술독이 오장육부에 배어 하루아침에 썩어 들어가면 온몸이 무너지고 만다. 이거야말로 크게 두려워할 일이다.

무릇 나라를 망하게 하고 가정을 파탄시키는 흉패한 행동이 모두 술 때문이었기에 옛날에도 조그마한 술잔을 만들어 조금씩 마시게 하였고, 더러 그러한 술잔을 쓰면서도 절주할 수 없었기 때문에 공자께서는 '유명무실한 게 조그만 술잔이로구나'라고 탄식했단다. 너처럼 배우지 못하고 식견이 좁은 폐족의 한 사람으로서 못된 술주정뱅이라는 이름을 더 가진다면 앞으로 어떤 등급의 사람이 되겠느냐? 조심하고 절대로 입에 가까이해서는 안 된다. 제발 이 천애의 애처로운 아비의 말을 따르도록 하라.

술로 인한 병은 등에서도 나고 뇌에서도 나며, 치루가 되기도 하고 황달도 되어 별별스러운 기괴한 병이 일어나고, 또 한번 병이 나면 백 가지 약도 효험이 없게 된다. 너에게 바라고 비노니 술은 입에서 딱 끊고 마시지 말도록 하라."

그런가 하면 음주를 긍정적으로 여긴 사람들도 많다. 도연명陶淵明은 "술은 능히 백 가지 걱정거리를 털어준다"라면서 '망우물忘憂物'이라고 부르기도 했다. 그가 남긴 시는 130여 편이 되는데, 그중의 절반에 술이 등장한다.

공자도 "술이 지나쳐서는 안 된다"라고 말했지만 술을 마시지 말라고는 하지 않았다. 공자 자신도 술은 즐기는 편이었던 것 같다. 다만 함부로 술을 마시지는 않았을 뿐이다. 식성이 매우 까다로운 그는 시중에서 파는 술은 마시지 않고 늘 집에서 담근 술만 마셨다. 그만큼 공자는 술을 즐겼다고 할 수도 있다.

이런 얘기가 있다. 어느 연회석상에서 한 연장자가 젊은이에게 술잔을 건네주면서 술을 권했다. 그러나 젊은이가 이를 거절했다. 이것을 보고 공자는 어른이 주시는 술잔을 거절한다는 것은 예절에 어긋난다고 젊은이를 나무랐다.

처칠Winston Churchill도 애주가였다. 누군가 처칠에게 음주의 해독을 역설했다. 그러자 처칠은 "알코올이 나한테서 뺏어간 것보다도 내가 알코올로부터 얻어낸 것이 더 많다는 것만은 말할 수 있다"라고 대답했다.

셰익스피어의 《오셀로》에서도 이렇게 술을 예찬했다.

"좋은 술은 좋은 수호신이 된답니다. 잘만 다룬다면 말입니다."

술이 아무리 좋다 해도 여기에는 단서가 붙는다. 곧 알맞게 마신다는 것이다. 왜냐하면 처음에는 사람이 술을 마시지만, 차츰 술이 술을 마시게 되고, 나중에는 술이 사람을 마시게 되기 때문이다.

정직은
안과 밖이 같은 것이다

정직이란 남들이 보는 나와 내가 보는 내가 같은 것이다

—

　　"정직해져라. 네가 예스라고 말할 때는 정말로 예스를 뜻해
야 한다. 노라고 말할 때는 반드시 노를 뜻해야 한다. 네가 '나는 이렇
다'라고 말하는 그대로의 인간이 되어라. 바나나 껍질을 벗길 때 바나
나가 아닌 다른 것이 나온 적이 있느냐? 정직이란 바로 그런 것이다.
남들이 겉으로 보는 너와 안에 있는 네가 같아야 한다. 그렇게 되기란
쉬운 일은 아니지만 항상 보람 있는 것이다."

　　이것은 미국의 한 도시에 사는 평범한 고객 관리 담당 사원이 생전
에 자기 세 아이에게 남긴 윤리적 유언이다.

　　병 중에는 습관성 허언증이라는 것도 있다지만 멀쩡한 사람도 의

식적이든 무의식적이든 거짓말을 할 때가 있다. 장 자크 루소Jean Jacques Rousseau의《참회록》은 그 제목이 말해주듯이 세상에서 가장 솔직한 자기 고백이라는 평을 받아왔다. 앙드레 지드Andre Gide의《일기》도 일기문학의 대표작으로 꼽히고 있다. 그러나 이들 작품들이 정말로 꾸밈없이 자기를 보여주고 있느냐면 그렇지가 않다. 그 속에는 일부러 살짝 덮어둔 치부도 있고, 또 과장과 수식이 섞인 부분도 있다.

사람은 아무 이유 없이 거짓말을 하지는 않는다. 미국 문학에서 우상과도 같은 마크 트웨인Mark Twain은 말년에 심한 우울증에 시달리고 의심이 많은 성격으로 변했다. 그러나 그는 그런 자기를 사람들에게는 보이지 않으려고 애썼다. 그래서 그는 중요한 편지를 쓸 때는 으레 두 통씩 썼다. 한 통은 자기 심정을 솔직하게 털어놓는 편지였다. 이 편지는 쓰고 난 다음에 몰래 자기 책상 서랍 속에 숨겨놓았다. 또 그가 실제로 보낸 한 통은 여전히 명랑한 체 꾸민 거짓 편지였다. 다만 그의 거짓말은 남에게 해를 끼치는 것은 아니었다.

거짓말은 석가釋迦도 했다. 그러나 그것은 중생을 깨달음으로 이끌기 위한 방편으로 쓴 것이었다. 그래서 '거짓말도 방편'이라는 표현이 나왔다. 의사가 다 죽어가는 환자에게 삶의 의욕을 돋구어주기 위해 "당신은 죽을병이 아닙니다"라고 거짓말을 하는 것도 이와 유사하다. 그러나 흔히 사람은 자기에게 이롭다고 생각할 때 거짓말을 한다. 교언생리巧言生利라는 말도 있다. 혀를 잘 쓰면 일생의 이익을 낳을 수 있다. 말을 교묘하게 잘 꾸며서 교제를 잘하면 득이 된다는 뜻이다.

흰 것을 자기 이익을 위해 검다고 하는 것만이 거짓말이 아니다. 속으로는 싫어하면서도 겉으로는 미소를 지으면서 애교를 부리는 사람, 속은 냉혹한데도 제법 인자한 척하는 사람, 속은 이를 데 없이 추하면서도 도덕군자인 체 겉을 꾸미는 사람 등등 우리 주변에는 이런 사람이 널려 있다.

이런 사람들이 한번 거짓의 탈을 쓰면 다시는 벗기가 힘들어진다. 탈을 쓰는 데 재미를 붙이고, 이골이 나서 버릇이 되어버리기 때문이다. 그러고는 행여나 탈이 벗겨지지나 않을까 걱정이 되는 나머지 점점 더 깊이 눌러쓰거나 덧칠을 하기도 한다. 이치로 따진다면 이러다가 탈을 쓰고 다니는 게 버릇이 되어 자기가 탈을 쓰고 있다는 사실을 잊게 되고, 탈이 어느 사이엔가 본성으로 탈바꿈하게 될 수도 있다. 그러나 실제로는 그렇게 되지를 않는다. 탈은 어디까지나 탈일 뿐이고, 게다가 자기 자신을 끝까지 속이기는 어렵기 때문이다.

정직하지 못한 말은 거짓말이고, 정직하지 못한 행동은 위선이다
—

체스터필드는 다음과 같이 아들을 가르치기도 했다.

"거짓말처럼 죄가 크고 비열하고 어리석은 것은 없다. 거짓말은 비겁이나 적개심이나 허영심에서 나온 것이지만, 그 어떤 경우에도 목적을 달성하기는 어렵다. 아무리 능숙하게 숨긴다 해도 거짓말은 조만간에 들통이 나기 마련인 것이다.

가령 누군가의 행운이나 인덕을 시기하여 거짓말을 했다고 하자. 분명 처음 얼마 동안은 상대방에게 상처를 입힐 수 있을지는 모른다. 그렇지만 언젠가는 가장 괴로워하는 것은 자기 자신일 것이다. 거짓말이 들통 났을 때(대개의 경우는 들통이 나기 마련이다) 제일 상처를 입는 것은 자기이기 때문이다. 그 후에도 그 상대방에 대해서 좋지 못한 말을 한다면, 그것이 정말이라 해도 단순한 중상모략으로 여겨지게 된다.

또 자기의 언동에 대해서 이리저리 변명하거나, 명예가 손상되어 창피를 받을까 두려워서 거짓말을 하는 경우가 있다. 나중에 그 사람은 자기가 한 거짓말 때문에 오히려 명예를 잃게 되고 창피를 당하게 될 것이다. 그 사람은 스스로 가장 야비하고 저질인 자라고 자기 증명을 한 셈이다. 그리고 주위 사람들이 그렇게 보아도 어쩔 수가 없는 일이다.

불행히도 잘못을 저질렀을 때는 거짓말로 그것을 감추려 하지 말고 정직하게 인정하는 편이 훨씬 좋다. 그리고 그렇게 하는 것이 제대로 대가를 치르는 유일한 방법이며, 진정한 용서를 빌 수 있는 유일한 방법이기도 하다.

잘못을 저질렀다거나 난처해졌을 때 이를 숨기려고 발뺌을 한다거나 다른 말로 둘러대고 속이는 행위는 보기 좋은 모습이 아니다. 게다가 그 사람이 두려워하는 것도 자연히 알려지게 된다. 그러니까 거짓말을 잘한다고 해서 성공하기는 어려우며, 또 거짓말로 성공하지 못하는 게 당연한 일이지 않겠는가."

언젠가 영국 하원에서 처칠 수상이 이러이러한 잘못을 저지르지 않았느냐고 어느 야당 의원이 따졌다. 답변에 나선 처칠은 "내가 저지른 잘못들 중에서 귀 의원이 알지 못하고 있는 것들에 비긴다면 그것은 별것도 아니랍니다"라고 응수했다. 의사당은 온통 웃음바다가 되었다. 처칠은 자기의 잘못을 인정한 것도 아니요, 부정한 것도 아니었다. 그러나 적어도 그는 거짓말로 자기 과오를 은폐하는 잘못은 저지르지 않았다.

정직하지 못한 말이 거짓말이다. 정직하지 못한 행동이 위선이 된다. 거짓말을 가려내기는 그리 어려운 것이 아니다. 또 거짓말은 언제까지나 통용되지는 않는다. 그러나 위선을 가려내기는 여간 어렵지 않다. 위선을 하면서 자기가 위선자라는 인식이 없는 경우에는 더욱 그렇다. 어쩌면 요즘 애국충정을 내세워 스스로 애국자라고 거침없이 말하는 사람들은 정말로 그렇게 믿고 있는지도 모른다. 그래서 위선처럼 무서운 것은 없는 것이다

"나는 30년이란 오랜 세월을 두고 진지하게 노력해왔지만 '가짜' 僞 자를 끝내 제거하지 못했다. '위'란 위선을 말한다. 이것은 언행에만 한정되는 얘기가 아니다. 본심으로 제법 백성을 위해 노력한 셈이지만, 마음 어딘가에 '해주었다'는 생각이 남아 있었다면 그것은 가짜이다. 본심으로 '좋다'라고 생각한 것이라 해도, 그 선행을 남들이 인정해주기를 바라는 마음이 조금이라도 있었다면 그것은 가짜이다. 도의적으로 충분히 해냈다 해도 사소한 부분에서 남과 다투고 납득이 가지 않는다면 이 또한 가짜이다. 사회 정의를 목표로 삼고 온몸과 마

음을 바치면서도 이것저것 망설이고 정견을 갖지 못한다면 이것도 가짜이다. 9할 정도밖에 완성하지 못했다고 내심 생각하면서도 외부에 대해서는 마치 완벽하다는 듯이 처신하는 것도 가짜이다.

이것들은 모두 남들은 알지 못하고 나만이 알고 있는 가짜의 일부분이다. 나는 이런 모든 위선을 내 몸으로부터 제거하지 못한 것이다."

《신음어》에서 여곤呂坤이 실토한 말이다.

인생은
아침 이슬과 같다

욕심이 없고 경거망동을 하지 않아야 큰일을 할 수가 있다
—

여옹呂翁라는 도사가 한단邯鄲이라는 마을의 주막에서 묵고 있었다. 이때 초라한 차림의 소년이 들어왔다. 노생盧生이라는 그 소년은 도사 앞에서 자기의 처량한 신세를 한탄했다. 가만히 듣고 있던 도사가 품에서 베개를 꺼내 노생에게 주면서 "이것을 베고 한숨 자거라"라고 일렀다.

긴 여행에 지친 소년은 그 베개를 베고 드러눕자 곧 잠이 들었다. 그러다 꿈을 꾸었는데, 꿈속에서 그는 권세 있는 집안의 딸을 아내로 얻고, 과거 시험에 합격하여 벼슬자리에 오르고, 마냥 출세하여 드디어 정승이 되어 온갖 영화를 누리게 되었다.

그러다 잠에서 깨어나서 보니, 베개를 베고 잠이 들기 시작했을 때 주막 주인이 식사 준비를 하려고 옥수수를 삶고 있었는데, 그 옥수수 삶는 물이 아직도 소리를 내며 끓고 있었다. 꿈에서 깨어나서 어리둥절해하는 소년을 보고 도사가 껄껄 웃으면서 말했다.

"인생살이란 다 그런 꿈과 같은 것이란다."

'한단지몽邯鄲之夢'이란 말이 여기서 비롯된다. 인생의 영화란 이렇게 한낱 꿈과 같이 허망한 것이다. 그래서 소식蘇軾은 "인생은 꿈과 같다"라고 말했다.《한서漢書》에는 "인생은 아침 이슬과 같다"라는 말이 나온다. 장자는 또 이렇게 말하기도 했다.

"인생이란 문틈으로 흰 말이 달려가는 것을 보는 것처럼 한순간에 지나간다."

그런 인생을 어떻게 살아야 하는가? 어차피 인생이 그처럼 허망한 것이라면 살아 있는 동안 될 수 있는 대로 마냥 즐겁게 살아가는 게 좋을까? 아니면 그 짧은 동안 있는 힘을 다해 열심히 살아가는 게 좋을까?

제갈공명이 54세에 전사했을 때 그의 외아들은 8세였다. 워낙 늦게 낳은 아들인 데다 매우 영악해서 여간 귀여워하지 않았다. 그러면서도 아들이 너무 영악스러워서 소재小才로 끝나지나 않을까 은근히 염려하기도 했다. 공명이 자기 형에게 보낸 편지 속에도 자기 아들을 언급하면서 '매우 총기가 있어 사랑스럽지만 큰 그릇이 못 될까 걱정이다'라고 썼다.

그가 남긴 글 중에 《계자서誡子書》라는 게 있다. 자기 아들을 타이르는 글을 담은 책이다. 그 속에 "담박하지 않으면 뜻을 관철하지 못한다. 영정하지 않으면 큰일을 이겨내지 못한다"라는 말이 들어 있다. 욕심이 없어야 뜻을 관철할 수가 있으며, 차분하게 처신하고 경거망동을 하지 않아야 큰일을 맡아 할 수가 있다는 뜻이다. 차분한 마음가짐이라야 자기를 연마할 수가 있으며, 능력을 높이기 위해서는 자기를 닦아나가야 한다. 자기 연마의 노력을 게을리하면 능력을 높일 수가 없으며, 뜻을 잃으면 자기를 연마하는 노력을 계속할 수가 없다. 또 남을 내려다보는 마음이 있으면 자기를 분발할 수가 없으며, 마음이 차분하지 않으면 성격도 들뜨게 된다.

공명이 장래를 걱정한 아들은 나중에 촉나라의 높은 자리를 역임하고 인망도 매우 두터웠다. 과연 그는 아버지가 걱정했던 것처럼 역사에 남을 만큼 큰 인물은 되지 못했지만, 촉나라가 망할 때 적군과 싸우다 죽었다.

공명에게는 여동생이 하나 있었다. 공명은 그 여동생을 사랑해서 그녀의 아들, 곧 조카도 끔찍이 아꼈던 모양이다. 그래서 자기 아들에게 유훈을 남길 때 조카에게도 다음과 같은 유훈을 써 보냈다.

"사나이의 뜻은 고원해야 한다. 그러기 위해서는 선현이 살아간 길을 배우고, 정욕을 버리고 마음의 걸림돌을 버려야 한다. 그리고 마땅히 지녀야 할 뜻을 단단히 자기 속에 간직해나가야 한다.

역경에 처해도 이를 참고 견디어나가고, 쓸모없는 생각에 사로잡혀서는 안 된다. 모르는 것이 있으면 사양치 말고 사람에게 묻고, 사람을 의심하거나 원망해서는 안 된다. 그러면 설사 대단한 진보는 바라지 못한다 해도 적어도 사람들에게 손가락질 받는 일은 없을 것이며, 착실히 자기를 향상시킬 수도 있을 것이다.

만약 뜻이 미약하고 의욕도 없고 인정에 사로잡혀 평범한 생활에 안주하게 되면 어떻게 되겠는가? 언제까지나 평범한 인간인 채로 한평생 밑바닥 인생으로 끝나게 될 게 틀림이 없다."

하나는 옳고 그름이고, 또 하나는 이롭고 해로움을 기준으로 삼아라
—

《명심보감》에 보면 송나라의 신종神宗 황제는 다음과 같은 가훈을 남겼다.

"도리에 벗어나는 재물을 멀리하고, 정도에 지나치는 술을 경계하라. 이웃을 가려 살고 벗을 가려 사귀며, 마음에 질투를 일으키지 말고, 참소하는 말을 입에 올리지 말라. 친척 가운데 가난한 사람들을 소홀히 하지 말고, 부귀한 사람이라고 해서 특별대우를 하거나 두둔하지 말라. 자기를 이겨내는 데는 모름지기 근면과 검소가 제일이다. 그리고 남을 사귈 때는 겸양과 화목의 마음씨를 갖는 게 좋다. 또한 항상 지나간 날의 잘못을 반성하고, 다시는 그런 잘못을 저지르지 않도록 유념하라. 만일 나의 이 말을 지켜나간다면 나라와 집안이 평안해질 것이다."

《신음어》에도 이런 말이 나온다.

"가난은 창피한 일이 아니지만 가난하기 때문에 정신마저 위축되어서는 안 된다. 교양이 없어서 천박한 것은 미워할 일은 아니다. 미워해야 할 것은 천박하고 무능한 것이다. 늙는다는 것을 피할 길은 없지만 헛되이 생에 집착하는 것은 개탄할 일이다. 인간이란 언젠가는 죽기 마련이지만 무엇인가 한 가지 해냈다는 평만은 남기고 싶다."

마하트마 간디Mahatma Gandhi도 이렇게 말한 적이 있다.

"당신의 꿈은 무엇인가? 당신이 목적으로 하는 것은 무엇인가? 이것만 확실히 갖고 있다면 반드시 길이 열릴 것이다."

"대체로 인간은 이렇게 되고 싶다고 마음속에 그리면 그린 대로 된다."

이렇게 말한 것은 세계적인 심리학자이자 철학자인 윌리엄 제임스 William James였다.

'지유사성志有事成'이라는 말도 있다. 뜻을 갖지 않으면 아무것도 이뤄지지 않는다. 물론 뜻만 있다고 모든 것이 이뤄지는 것은 아니다. 실패로 끝날 수도 있다. 그러나 뜻이란 하나의 활을 쏠 때의 과녁과 같은 것이다. 과녁은 반드시 명중시키기 위해 세워지는 것은 아니다. 장래를 향해 나아가는 표식의 역할을 하기 위해 있기도 하다.

다산은 아들들에게 이렇게 일렀다.

"천하에는 두 가지 큰 기준이 있는데 옳고 그름의 기준이 그 하나요, 또 하나는 이롭고 해로움에 관한 기준이다. 이 두 가지에서 네 단계의 큰 등급이 나온다. 옳음을 고수하고 이익을 얻는 것이 가장 높은 단계이고, 둘째는 옳음을 고수하고도 해를 입는 경우이다. 세 번째는 그름을 추종하고도 이익을 얻음이요, 마지막 가장 낮은 단계는 그름을 추종하고 해를 보는 경우이다.

너는 편지에서 필천(筆泉, 다산 장인의 사촌 동생)에게 편지를 해서 나를 잘 봐달라고 하고 강씨(다산을 모함한 자)와 이씨(다산의 친구였는데 다산을 모함해서 귀양 가게 한 자)에게 꼬리를 치며 동정을 받도록 애걸해보라는 이야기를 했는데, 이것은 그 세 번째 등급을 택하는 일이다. 그것은 마침내는 네 번째 등급으로 떨어지고 말 것이 명약관화한데, 무엇 때문에 내가 그 짓을 해야겠느냐?"

다산은 이런 말도 했다.

"인간이 귀중하다는 것은 오로지 양심이 있기 때문인데, 그것 때문에 군자다운 행실을 할 수 있는 것이다."

중국에 이종오李宗吾가 주창한 《후흑학厚黑學》이라는 책이 있다. 세상이 어지러운 때는 낯가죽이 두꺼운 후厚와 음흉하게 통이 큰 흑黑, 두 조건을 갖추고 있어야 산다는 것이었다. 작자가 후흑의 표본으로 삼은 인물은 유비劉備였다.

"유비의 특징은 드물게 낯가죽이 두꺼웠다는 데 있었다. 때를 따라 이쪽에 붙었다 저쪽에 붙었다 해가며 의리는 아랑곳하지 않고 자기 잇속만을 차리면서도 조금도 부끄러워하지 않았다."

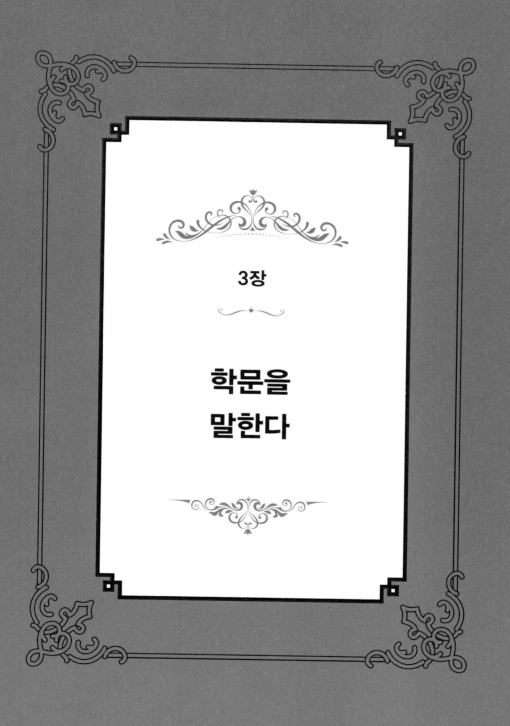

3장

학문을
말한다

우리는
왜 학문을 하는가?

무의 힘으로 천하를 통일한 다음에는 문의 힘으로 나라를 다스린다
—

한 제국을 창건한 유방은 보잘것없는 농사꾼의 아들로 태어났지만 농사짓기를 몹시 싫어하고 늘 건달패와 놀고 다녔다. 그런 그가 망해가는 진나라의 동란을 틈타서 반란군의 두목이 되더니, 드디어 황제의 자리까지 올랐다.

그런 일자무식에다 교양이라곤 티끌만치도 없는 유방이 막상 황제가 되자, 가장 그를 괴롭힌 것은 자기가 너무나도 무식하다는 사실이었다. 그리하여 그는 육가陸賈라는 중신을 스승으로 삼고 《서경書經》과 《시경》을 배우기 시작했다. 《서경》과 《시경》을 공부한다는 것은 당시 지배층 사람들에게는 필수 사항이었다.

특히 《서경》은 제왕학의 교과서와 같은 것이었지만, 책을 읽어 버릇하던 사람에게도 어려운 텍스트라 유방에게는 여간 지겨운 강의가 아니었을 것이다. 어느 날 참다못한 유방이 스승 육가에게 소리 질렀다.

"더는 못 참겠다. 나는 마상에서 천하를 잡았다. 그런 내가 새삼스레 《서경》이다 《시경》을 배운들 무슨 소용이 있겠느냐?"

그러자 육가가 정색을 하고 유방을 나무랐다.

"당치 않은 말씀입니다. 폐하는 분명 말을 타고 싸운 끝에 천하를 잡았습니다. 그러나 말을 탄 채로 천하를 다스리지는 못할 것입니다. 저 탕왕도 그리고 또 무왕도 무력으로 걸을 쳐부수고 주를 쓰러뜨렸지만, 천하를 잡고 난 다음에는 문의 힘으로 나라를 다스렸답니다. 문과 무를 아울러 써야 비로소 천하를 지킬 수가 있는 것입니다."

그 후부터는 유방은 아무 군소리 없이 강의를 충실하게 들었다. 그렇기 때문에 그가 태자에게 학문을 게을리하지 말라고 다음과 같이 누누이 타이른 유서가 더욱 값지게 느껴진다.

"나는 난세에 태어나서 진나라 시대가 되어 학문이 금지되자 잘됐다고 생각하고, '책 따위를 읽어도 아무 소득도 없다'라고 여겼다. 그러나 황제의 자리에 오른 다음부터 나는 곧잘 책을 읽게 되었을 뿐만 아니라, 학자의 강의를 받아서 글 쓴 자가 말하려는 뜻을 이해할 수 있게 되었다. 그리하여 스스로 옛적에 저질렀던 일들을 반성했지만, 그래도 잘못했다고 생각하는 일들이 너무나도 많았다.

요임금이나 순임금이나 천하를 자기 친자식에게 넘겨주지 않고 남에게 넘겨주었다. 천하가 아깝지 않아서가 아니라 자기 자식이 황제감이 못 된다고 생각했기 때문이었다. 소나 말 같은 것도 남에게는 넘겨주고 싶지 않은 법이다. 항차 천하라면 더더욱 아까운 생각이 들 것이다. 너는 나의 어엿한 아들이다. 그래서 나는 일찍부터 너를 후계자로 만들려고 생각해왔다. 이제는 너도 천하의 대사를 맡을 만한 사람이 된 것 같다. 그래서 너를 나의 후계자로 삼기로 결정했다. 그러나 너의 짐은 막중하며 네가 앞으로 해야 할 일은 태산 같다.

나는 태어나면서부터 오늘에 이르기까지 제대로 학문을 배운 적이 없다. 그저 나 혼자서 책을 읽고, 또 읽다가 모르는 글자가 나오면 사람들에게 묻고 그렇게 해서 조금씩은 이해할 수 있게 되었을 뿐이다. 그래도 문장의 의미 정도는 스스로 해독할 수가 있다. 지금 네가 쓴 글을 보면 그런 나만큼도 미치지 못하는 것 같다. 그러니 한층 더 열심히 공부를 해주기를 바란다. 글을 쓰는 것도 신하에게 맡기지 말고 스스로 쓰는 버릇을 들이도록 하라.

너도 알다시피 소하, 조참, 장량, 진평 등 중신은 나와 동년배이며 너보다 곱절이나 더 나이가 많다. 그러니 비록 신하라 해도 그들을 만나면 네가 먼저 깍듯이 인사를 해라. 너의 동생들에게도 그렇게 하도록 네가 가르쳐주어라."

학문을 한다는 것은 금이나 옥을 갈고, 돌에 조각을 하는 것과 같다
—

《안씨가훈》은 이렇게 말하고 있다.

"혹 같은 동리나 집안 내에 출중한 사람이 있으면 아이들에게 '아무개를 본받아라'라고 이른다. 그러면서도 '옛사람에게 배우라'라고 가르치는 사람은 드물다. 여간 어리석은 일이 아니다.

세상에는 갑옷을 입고 말을 타고 긴 창을 휘두르며 활을 쏠 줄만 알면 당장이라도 훌륭한 장군이 되는 줄 아는 사람들이 있다. 그러나 장군은 그렇게 쉽게 되는 게 아니다. 하늘의 기회와 지리를 잘 파악한 연후에 공격하고 방어하는 것에 능하고, 또 나라의 흥망의 이치에 능통한 사람이 아니면 안 되는 것이다.

또 윗사람의 명령을 충실히 부하에게 전달하고, 재물이나 곡물을 징발하는 방법을 알고 있으면 충분히 재상감이 된다고 생각하는 사람들도 있다. 그러나 귀신을 제대로 섬기고, 사람들을 올바르게 이끌고, 음양의 순환을 조화시키고, 뛰어난 인재를 잘 쓰지 못한다면 훌륭한 재상이 되지 못하는 것이다.

또 사욕에 흐르지 않고 신속하게 공무를 수행할 수만 있으면 지방 장관 정도는 될 수 있다고 생각하는 사람들도 있다. 그러나 항상 성실하게 처신하고, 사람들의 모범이 되고, 자기 지방을 잘 다스리고 불이 났을 때 바람 방향을 바꿔놓아 불을 끄고, 해조害鳥를 감화시켜서 유익한 새로 바꿔놓을 수 있을 정도가 되지 않으면 제대로 지방 장관 노릇을 하지 못하는 것이다.

또한 법률의 조문을 엄격하게 지키고, 형의 집행은 신속하게 하고, 사면은 늦추는 요령만 알고 있으면 사법장관이 될 수 있다고 생각하는 사람이 있다. 그러나 가까운 사이라도 죄를 저질렀을 때 가차 없이 벌을 주고, 유산 상속의 분쟁을 올바르게 해결하고, 꾀를 내어 범죄를 밝혀내고, 굳이 심문을 하지 않고도 진실을 규명할 수 있을 정도가 아니면 사법장관은 될 수 없는 것이다.

이 밖에도 농민이든 상인이든, 또는 하인이나 노예, 또는 어부나 백정 또는 양치기에 이르기까지 어떤 직업에나 모범이 될 만한 훌륭한 옛사람들이 있다. 그런 분들로부터 배울 수가 있다면 자기 일을 하는 데 큰 도움이 될 게 틀림없다."

《안씨가훈》에 이런 말도 나온다.

"누군가가 내 말을 비판하고 이렇게 말한 적이 있다. '창칼을 휘두르고 나쁜 자를 무찔러서 국민의 생활을 안정시키고, 그 공적으로 공후의 자리에 오른 자가 있다. 또 정치를 잘해서 나라를 부강하게 만들어 그 공적으로 대신이 된 자도 있다. 그런데 고금의 학문을 배우고 문무의 재능이 뛰어나면서도 제대로 지위에 오르지도 못한 채, 헛되이 처자식을 굶기고 추위에 떨게 만드는 자는 수없이 많다. 그렇다면 학문이라는 것은 아무 가치도 없는 게 아니냐?'

여기에 대해서 나는 이렇게 대답했다. '학문을 한다는 것은 금이나 옥을 갈고 닦고 나무나 돌에 조각을 하는 것과 같다. 앞으로 무슨 운명이 기다리고 있는지는 모른다. 금이며 옥을 닦으면 바탕의 아름다움이 빛나게 할 수가 있지만, 나무나 돌은 아무리 멋진 조각을 한다 해도 오히려 조각을 추하게 보이게 할 뿐이다. 이와 마찬가지로 학문을 닦으면서 가난한 생활을 감수하는 자와, 학문도 없는데 부귀를 누리는 자를 어떻게 똑같이 논할 수가 있겠는가?

갑옷을 입고 병사가 된다거나 붓을 들고 고위 관리가 되어도 죽은 다음에 잊힌 사람은 많지만 걸출한 인물은 매우 드물다. 반대로 책을 펴고 도를 배우고 덕을 몸에 지닌 인물 중에서 세상에 버림받고 잊힌 사람은 극히 드물다. 오히려 부귀를 얻고 복 받은 인생을 보낸 사람이 훨씬 더 많다. 이 또한 같은 자리에서 논할 수 있는 게 못 된다.

왜 학문을 하느냐면 지식을 넓혀서 이해력을 높이기 위해서이다. 만약에 뛰어난 재능을 가진 천재가 장군이 되어 손무孫武나 오기吳起만큼의 지략을 발휘하게 되고, 또는 정치가가 되어서 관중이나 자산子産에 버금가는 훌륭한 정치를 할 수 있다면, 굳이 책을 읽지 않아도 훌륭한 학문을 한 사람이라고 평할 수 있을 것이다.

만약에 당신이 이들만 한 인물도 못 되고, 그러면서도 고인의 가르침을 배우려 하지 않는다면, 그것은 이불을 머리 위로 뒤집어쓰고 자는 것과 같이 게으름 부리는 것 이외의 아무것도 아니다."

낮에 농사를 짓고,
밤에 책을 읽어라

젊어서 배우지 않으면 늙어서 후회하리라

—

《안씨가훈》에 이런 말이 나온다.

"호남의 의양에 사는 주아무개라는 사람은 학문을 매우 좋아했는데, 집안이 가난하여 며칠 동안이나 식사를 하지 못하는 때도 있었다. 그래서 이따금 종이를 먹으며 배를 채우기도 했다. 또 아무리 추워도 이불이 없기 때문에 개를 껴안고 자기도 했다. 그런데 그 개도 허기를 견디다 못해 일어나서 음식을 훔쳐 먹으러 나갔다. 아무리 불러도 돌아오지 않아 서글프게 부르는 소리는 이웃 사람들의 가슴을 아프게 할 정도였지만, 그래도 학문을 포기하지 않고 드디어 학사가 되었다.

지금 우리 안씨네 집안은 아무 벼슬도 하지 못하고 집에 축재한 것도 없다. 그래서 차라리 노동이라도 해가며 부모를 돕겠다고 아이들이 말한 적도 있다. 그럴 때마다 나는 아이들에게 이렇게 말했다.

'만약에 너희가 눈앞에만 마음이 팔려서 돈을 벌기 위해 학문을 포기하고 의식을 넉넉히 해준다 한들, 아무리 따스한 옷을 입어도 따스하지 않고 아무리 맛있는 음식을 먹어도 맛있다는 생각은 들지 않을 것이다. 그보다는 집안 대대로 이어온 학업의 길을 이어나가는 것이 부모로서 만족이다'라고."

퇴계는 다음과 같이 학문을 권했다.

"세월은 흐르는 물과 같으며 청춘은 늘 머물러 있는 것이 아니니, 낮에는 농사를 짓고 밤에는 책을 읽어 어버이를 봉양하고 임금께 충성하라. 젊어서 배우지 않으면 늙어서 후회하리니 소싯적부터 부지런히 학업을 이루어라.

사람의 사람됨은 시서를 통해서 형성되는 것이니만큼 쉬지 않고 독서를 하고 손에서 책을 떼어놓지 말라. 모름지기 부지런히 공부를 해야 비로소 소년 시절에 과거에 올라서 조상을 빛내고 어버이를 영예롭게 하고 나라에 충성을 다할 수도 있는 것이다."

다산은 책을 통해 선비의 기상을 키우라고 아들에게 일렀다.

"내가 밤낮으로 빌고 원하는 것은 오직 문(둘째 아들)이란 놈이 열심히 독서하는 일뿐이다. 문이란 놈이 선비의 기상을 갖게 된다면야 무슨 한이 있겠느냐. 부디 이른 새벽부터 밤늦게까지 책을 읽어 이 애비의 간절한 소망을 저버리지 말아다오.

너희는 도가 이루어지고 덕이 세워졌다고 생각해서 더 이상 독서를 하지 않는 것이냐? 이번 겨울에는 아무쪼록 《상서尙書(서경)》와 《예기》의 아직 못 읽은 부분을 다시 읽어보는 것이 좋을 것이다. 그뿐만 아니라 사서四書(《대학大學》, 《중용》, 《논어論語》, 《맹자》)와 《사기》도 자주 읽어보는 것이 옳으리라. 역사에 관한 글을 몇 편이나 작성해놓았느냐?

학문의 뿌리와 줄기를 두텁게 북돋아서, 얄팍한 지식으로 나불거리지 말고 마음속 깊이 감추어두기를 간절히 바란다.”

사람 구실을 하려면 학문이 있어야 한다
—

사람 구실을 하려면 학문이 있어야 한다. 《안씨가훈》은 양식 있는 사회인이 되기 위해서는 학문의 밑받침이 있어야 한다고 다음과 같이 역설했다.

“신분이 높은 집안의 자제는 누구나 5, 6세가 되면 교육을 받기 시작한다. 그중에는 《예기》며 《좌전左傳》까지 들어가는 사람도 있지만, 못해도 《시경》과 《논어》 정도는 배우게 된다. 이어 성인이 되어 결혼할 무렵이 되면 몸과 마음이 견실해진다. 그런 중요한 나이가 되면 한층 더 교육에 힘써야 한다. 뜻이 높은 청년은 스스로를 닦아서 장래의 기틀을 다져나가지만, 그렇지 못한 자는 이 무렵부터 나태가 몸에 배어 그냥 평범한 인간으로서 일생을 마치게 되는 것이다.

인간이란 이 세상에 태어난 바에야 누구나 생업을 가지기 마련이다. 농민이라면 농사일을 하고, 상인이라면 상업을 하고, 직인이라면 물건을 만들고, 군인이라면 활과 말을 배우고, 문인이라면 고전을 연구한다.

그러나 신분이 높은 사람들은 농업이며 상업에 종사하는 것을 부끄럽게 여기고 기술을 배우는 것을 싫어한다. 그래서 활도 쏠 줄 모르고, 붓을 들면 간신히 자기 이름이나 쓸 정도의 교양밖에 가지고 있지 않다. 그러고는 그저 술이나 마시고 하는 일 없이 허송세월한다.

어쩌다 집안이 좋아서 벼슬자리에라도 오르게 되면 그것으로 만족하고 자기를 연마하는 것은 잊어버리고 만다. 그런 사람일수록 큰 사건이 일어나서 대책을 강구해야 할 때면 마치 안개 속에 앉아 있는 꼴이 된다.

또 연회석상에서는 흔히 역사 얘기가 나오고 시를 쓰게 되는데, 그런 때면 벙어리처럼 앉아서 하품만 한다. 여간 망신스러운 꼴이 아니다. 불과 수년간의 공부를 게을리한 탓에 한평생을 두고 이런 망신만 당하다 말아야 하니 이처럼 딱한 일도 없을 것이다.

학문을 몸에 익힌 사람은 어떤 환경에 놓여 있어도 안정된 생활을 누릴 수가 있다. 난중에 잡혀 온 자들을 보면 대대로 신분이 낮은 집안에서 태어난 사람이라도 《논어》나 《효경》 정도라도 읽을 줄 안다면 주위 사람들로부터 선생님 소리를 듣는다. 그런가 하면 신분이 높은 어엿한 집안의 사람이라도 책을 읽지도 못하고 쓰지도 못하면 논밭을 가꾸고 마구간 일이나 해가면서 생계를 유지할 수밖에 없다.

이런 것으로 미루어보아 사람은 역시 노력해서 학문을 해야 할 것

이다. 그래서 수백 권 정도의 장서를 집 안에 간직하는 것이 좋을 것
이다. 그렇게 하면 몇 대가 내려와도 밑바닥 신분으로 떨어지는 일은
없을 것이다."

학문의 3대 요소는
지·식·항이다

50이 된 다음이라도 역을 배울 수 있다면 큰 낭패를 보지 않는다
—

《안씨가훈》에는 이렇게 말하고 있다.

"원래 학문을 하는 목적은 유익한 가르침을 접하는 데 있다. 그런데 쥐꼬리만큼 책을 읽었다 해서 윗사람을 업신여기고 동료를 깔보는 자가 있다. 그래서는 주위 사람들로부터 미움을 사고 따돌림을 당하는 것은 당연한 일이다. 이런 사람은 학문을 하면 할수록 자기를 결딴내고 만다. 차라리 학문을 하지 않은 것만도 못하다.

옛사람들은 스스로를 연마하기 위해 학문을 하고 자기에게 부족한 것을 보충하려 했다. 그런데 요즘 사람들은 남들로부터 칭찬받으려고 학문을 하기 때문에 말주변만 늘 뿐이다. 또 옛사람들은 세상을 위해, 또 세상 사람들을 위해 바른 일을 하는 데 도움이 되기 위해 학문을 했다. 요즘 사람들은 학문을 하면서도 자기 자신의 출세밖에 염두에 두지 않는다.

학문이라는 것은 나무를 심는 것과 같다. 나무를 심으면 봄에는 꽃을 감상하고 가을에는 열매를 딸 수가 있다. 학문의 경우에는 의론을 하거나 문장을 쓰거나 하는 것이 봄꽃이라 한다면, 스스로를 연마하고 올바른 행실을 하는 것은 가을의 열매에 해당된다.

사람은 누구나 어릴 때는 정신의 집중력이 강하지만 성장함에 따라 산만해진다. 나는 7세 때 '영광전靈光殿의 부賦'를 암송했다. 그 후 오늘날에 이르기까지 10년에 한 번쯤은 암송해보는데 조금도 잊지 않고 있다. 그러나 20세가 지나서 암기한 경전들은 한 달쯤 지나면 잊어버리고 만다. 그렇다 해도 인생은 물결치는 파도와 같다. 설사 장년에는 잘 되지 않아도 만년에 회복하면 된다. 스스로 단념하고 포기해서는 안 된다.

공자도 말했다. '50이 된 다음이라도 역易을 배울 수 있다면 큰 낭패를 보지 않게 될 것이다'라고. 조조도 늙은 다음에 한층 더 향학심에 불탔다. 또 증자曾子는 70이 된 다음에 학문에 뜻을 두고, 그러고도 천하에 명성을 떨칠 수 있었다. 순자도 50이 넘어서부터 학문의 길로 들어가서 나중에 대학자가 될 수 있었다.

예를 들자면 한이 없다. 하나라의 공손홍公孫弘은 40이 넘어서 비로소 《춘추春秋》를 배우고, 그러고도 재상의 자리에 올랐다. 마찬가지로 주운朱雲도 40이 지나서야 《역경》이며 《논어》를 배웠으며, 진나라의 황보밀皇甫謐도 20이 되어서야 《효경》과 《논어》를 배웠다. 이분들은 모두 나중에 훌륭한 학자가 되었다. 그것도 소년 시절에는 길을 잘못 들어섰다가 나중에 자기 잘못을 깨달은 것이다.

세상 사람들은 성인이 되고 결혼할 때까지 학문을 하지 못하고 그 후에 시작한다면 너무 늦다고 생각하고 배우려 하지 않는 모양인데, 이것처럼 어리석은 생각은 없다. 확실히 어릴 때부터 배우면 진보도 빠른 게 사실이다. 나이 든 다음에 배우려는 것은 등불을 손에 들고 밤길을 걷는 것처럼 제대로 걸어가는 게 힘들다. 그러나 눈을 감은 채로 가만히 있는 것보다는 한결 낫다."

선비가 학문을 하는 데 지 · 식 · 항의 3가지가 필요하다
—

청나라 말기의 일등공신이자 문인으로서도 유명했던 증국번曾國藩은 몸이 병약함에도 불구하고 책을 손에서 떼는 날이 없었다. 그는 62세에 죽기까지 바쁜 공직 생활 틈틈이 330통이 넘는 편지를 가족에게 써 보냈다. 다음은 동생들에게 보낸 편지의 일부이다.

"넷째 여동생이 조산을 했다는데, 앞으로 그 조산아를 키운다는 게 여간 힘들지 않을 것이다. 하지만 이것은 중요한 문제이니만큼 말해 두겠는데 억지를 부려가면서 키우려 하지는 말도록 해라. 되도록 자연에 맡기고 무리하지 않도록 하라고 일러라.

그리고 또 넷째 여동생은 아침에 제일 늦게 일어나서 자주 시어머니로부터 뒷바라지를 받을 형편이라니 이것은 정상이 아니다. 그렇게 버릇 들면 제 손으로 제 행복의 싹을 잘라버리는 것과 같다. 지금까지 불효를 한 며느리가 행복해진 적은 없는 것이다. 너희들도 기회가 있을 때마다 잘 타일러서 며느리로서의 도를 가르치도록 해라.

한편 너희가 집에서 공부를 할 때 매일 어떤 식으로 하고 있는지를 잘 모르겠다. 나는 지난 10월 1일에 계획을 새로이 짜고 공부를 하기로 했다. 그 후에도 게으름 부리고 싶어 하는 버릇은 여전하지만 그래도 매일 해서楷書로 일기를 쓰고, 사서史書를 10페이지 읽으며, 수필을 2편 쓰기로 했다. 이 세 가지는 지금까지 하루도 거른 적이 없다. 또 10월 21일에는 줄담배를 끊기로 맹세하여 지금까지 이미 두 달 넘게 피우지 않고 있다. 금연이 이제 습관화된 모양이다.

나는 지금까지 여러 번 일과를 정해놓고 그대로 실천하겠다면서 중단한 적이 있다. 그러나 이번만은 죽는 날까지 지켜나갈 결심이다. 너희들도 한번 마음먹고 일과를 정해놓으면 반드시 끝까지 계속하도록 해라.

내 생각으로는 선비가 학문을 하는 데 다음과 같은 세 가지가 필요하다. 첫째는 지志, 둘째로는 식識, 셋째는 항恒이다.

'지'가 있으면 언제까지나 밑바닥을 맴돈 채로 끝나지 않는다. '식'이 있으면 학문의 깊은 맛을 알게 되며 다소의 성과를 얻는다고 해서 만족하지는 않게 된다. 강의 귀신이 바다를 보고 놀란다거나, 우물 안의 개구리가 하늘을 보고 기절한다는 것은 모두 '식'이 없다는 증거이다. 또 '항'이 있으면 어떤 일이든 성취하지 못하는 것이 없다. 이 세

가지 중 단 하나라도 없어서는 안 된다.

지금의 너희에게 '식'밖에 없다면 급속한 진보를 기대하지 못한다. 여기에 '지'와 '항'이 있어야 비로소 꾸준한 노력을 할 수 있게 된다.

나는 매우 몸이 허약하여 오랫동안 깊은 사색을 하지 못한다. 무리를 하면 금세 머리가 어지러워진다. 또 오래 앉아 있지도 못한다. 금세 피로해지기 때문이다. 그래서 너희에게 늘 큰 기대를 걸고 있는 것이다."

공기를 원하는 만큼
지식을 원하라

동양에서는 공자가, 서양에서는 아리스토텔레스가 학문의 넘사벽이었다

—

소크라테스를 헌신적으로 따르는 한 제자가 어떻게 하면 지식을 얻을 수 있는지 물었다. 소크라테스가 기꺼이 응하면서 그를 강으로 데려갔다.

"이것이 바로 그 비법이다."

이렇게 말하면서 소크라테스는 그의 머리를 물속에 처박았다. 제자는 몸부림치면서 소크라테스의 팔을 뿌리치려고 했다. 그래도 소크라테스는 그의 머리를 물속에 넣은 채 놓아주지 않았다. 한참 후에야 제자는 간신히 소크라테스의 팔에서 벗어날 수가 있었다. 그러자 소크라테스가 그에게 물었다.

"네가 물에 빠져 죽을 뻔했을 때 가장 바란 게 무엇이었느냐?"

미처 숨을 돌리지 못한 제자는 헐떡이면서 소리쳤다.

"공기요!"

소크라테스는 빙그레 웃으면서 대답했다.

"네가 공기를 원했던 만큼 지식을 원한다면 얼마든지 지식을 얻을 수가 있게 될 것이다."

이때 소크라테스나 제자가 말한 지식이란 물론 책에서 얻는 지식이 아니었다. 그 당시의 고대 그리스에는 책이 극히 드물었다. 따라서 소크라테스도 제자들에게 책을 읽히면서 지식을 전달하는 것이 아니라, 어디까지나 대화와 토론을 통해서 제자 스스로가 지식을 계발해 나가도록 한 것이었다. 그렇기 때문에 소크라테스의 제자였던 플라톤 Platon이 스승을 뛰어넘을 수가 있었고, 아리스토텔레스도 플라톤을 뛰어넘을 수 있었다.

책이 귀한 것은 중국의 공자 시대도 마찬가지였다. 적어도 교과서를 가지고 공자가 강의하는 형식이 아니었다. 그의 제자들도 강의 시간 외에는 각자가 책을 읽기는 했지만, 공자와 제자들 사이에는 토론이 없었다. 제자가 질문을 하고 공자가 대답하는 정도에 지나지 않았다. 그것은 워낙 공자가 위대했다는 것만으로는 충분한 설명이 되지 않는다. 그렇기 때문에 그 후 천 년 가까운 시간 동안 공자를 뛰어넘는 제자가 없었다.

이는 단단한 권위주의와 교조주의에 의해 독창적인 사고 능력이 마비되어버린 것이다. 스승의 그림자도 밟지 않으려고 할 만큼 스승의 권위는 대단했던 것이다.

서양에서도 아리스토텔레스 이후 천 년 넘도록 아무도 감히 아리스토텔레스를 비판하지 못했다. 한 예로 인체를 해부한 적도 없으면서 심장이 인체의 중심에 있다는 아리스토텔레스의 학설은 부정할 수 없는 사실로 여겨졌다. 이 때문에 서양의 모든 학문이 정체할 수밖에 없었다. 서양인이 아리스토텔레스의 권위를 벗어날 수 있던 것은 십자군운동 이후에 아라비아의 학문을 접한 다음부터였다.

《채근담》에서도 덮어놓고 책만 많이 읽는 것을 권하지는 않았다. 그래서 "책을 읽어도 성현의 마음을 읽지 않으면 글자의 노예에 지나지 않는다"라고 말하기도 했다. 그렇지만 비판의 눈으로 책을 읽으라고는 말하지 않았다. 이 점이 동양과 서양이 크게 달랐다.

역사적 사건의 동기나 원인을 그대로 믿어서는 안 된다
—

체스터필드는 아들에게 이렇게 가르쳤다.

"지난번 너의 편지를 받고 무엇보다도 기뻤던 것은 네가 책을 읽을 때 단순히 내용을 파악하는 데 그치지 않고 그에 대해서 깊이 생각하고 있다는 것을 알았기 때문이다.

책을 읽고도 자기가 판단하지를 않고 그냥 써 있는 것을 차례로 머릿속에 주입하기만 하는 사람이 많다. 그것은 무턱대고 정보를 쌓아올리는 것과 같아 머릿속은 폐품 처리장처럼 되어버린다. 그래서는 잘 정돈되지 못한 방처럼 필요한 것을 때맞춰 꺼내서 사용하지 못하는 것이다.

앞으로도 너는 다음과 같은 식으로 독서를 해라. 저자 이름만 가지고 내용을 지레짐작하지 말고 적혀 있는 것이 얼마나 확실한지, 저자의 고찰이 얼마나 올바른지를 자기 머리로 착실히 생각해라. 한 가지 사실에 대해서는 여러 책을 보고 여기서 얻은 정보를 종합한 다음, 여기에 입각해서 자기 의견을 갖는 것이 좋다.

그 정도가 역사라는 학문이 미칠 수 있는 한계라고 나는 생각하고 있다. 유감스러운 일이지만 '역사적 진실'이란 우리가 알 수 있는 게 아니다.

역사책을 읽으면 역사적 사건의 동기나 원인이 적혀 있을 때가 있지만 그것을 그대로 믿어서는 안 된다. 그 사건과 관계되는 인물의 사고방식이나 이해관계를 고려한 다음에 저자의 고찰이 옳은지 아닌지, 그 이외에 가능성이 더 높은 동기는 없는지를 스스로 생각해보는 것이 중요하다.

이럴 때 비속하거나 하찮은 동기를 무시해서는 안 된다. 왜냐하면 인간이란 복잡하고도 모순에 찬 짐승이기 때문이다. 감정은 변덕스럽고, 의지는 나약하고, 마음은 몸의 건강 상태에 좌우되는 것이다. 다시 말해서 인간이란 일관된 것이 아니며 그날그날 변하는 것이다. 아무리 훌륭한 사람이라도 비속한 데가 있으며, 아무리 하찮은 인간이라도 훌륭한 데가 있다. 형편없는 사람이라도 어딘가 장점이 있으며, 엉뚱하게 훌륭한 일을 하는 수도 있다. 그런 것이 인간이다.

그런데 역사적 사건의 원인을 규명하려 할 때 우리는 으레 보다 고상한 동기를 찾으려고 할 때가 많다. 그러나 참다운 원인이라는 것은 가령 루터Martin Luther의 종교개혁을 예로 들면 루터의 금전욕이 좌절된 것이 원인이었다는 정도에 지나지 않는지도 모른다. 그런데도 머리만 큰 역사학자들은 역사적 큰 사건만이 아니라 평범한 사건까지도 깊은 정치적 동기로 설명하려 든다. 자못 이상한 일이라는 생각이 든다.

인간은 모순 덩어리이다. 언제나 인간은 고상한 부분만으로 행동이 좌우되는 것은 아니다. 현명한 사람이 어리석은 짓을 저지르는 경우도 있고, 미련한 사람이 현명한 짓을 하는 수도 있다. 모순된 감정을 가지고, 또 그것이 두루 변하는 것이 인간이다. 그날의 건강 상태, 정신 상태에 따라 변하는 것이 인간인 것이다.

그런데도 가장 그럴듯한 동기이니까, 또는 그래야 얘기가 잘 들어맞으니까 하는 이유를 내세워 되도록 고상한 동기를 들고나와서 설명하는 잘못을 곧잘 저지른다.

소화가 잘되는 음식을 맛있게 먹고 잠을 잘 자고 일어난 다음 날 아침이 화창하게 개었기 때문에 영웅적인 일을 하는 사람이, 소화가 잘 안 되는 음식을 먹고 잠을 설치고 그런데다 다음 날 아침에 일어나보니 음침한 하늘에서 비가 내리고 있었기 때문에 어이없이 비겁한 사람이 되어버릴 수도 있는 것이다.

인간 행위의 참다운 이유를 규명하려 해도 억측에 지나지 않는다

—

그러니까 인간 행위의 참다운 이유라는 것은 아무리 규명하려 한다 해도 억측의 범위를 벗어나기는 어렵다고 생각한다. 고작해서 이런저런 사건이 있었다는 정도가 우리가 알 수 있는 것의 전부란다.

우리는 율리우스 카이사르가 23명의 음모에 의해 살해당했다는 것을 알고 있다. 이 사실에는 의심할 여지가 전혀 없다. 그러나 이 23명의 음모자가 과연 자유를 사랑하고 로마를 사랑했기 때문에 카이사르를 죽였을까? 여기에 대해서는 단정을 내리는 데 주저하지 않을 수 없다. 왜냐하면 그것만이 원인이었는지, 아니면 적어도 주요 원인이었는지를 우리는 확실히 알지 못하는 것이다.

만약에 진실이 밝혀질 수 있다면, 사건의 주모자인 브루투스Marcus Brutus조차도 혹은 자존심이니 시기심이니 원한이니 실망이니 하는 개인적인 여러 가지 다른 동기가 원인이 된 것인지도 모르는 일이다.

의심을 하자면 흔히 말하는 역사적 사실 자체도 의심스러워지는 경우가 많다. 가령 최근에 일어난 사건에 대해서 몇 사람인가가 증언을 할 때 그들의 말이 완전히 똑같지는 않을 것이다. 착각하고 있는 사람도 있을 것이며, 증언을 할 때 뉘앙스가 달라지는 사람도 있다. 자기 의견에 맞는 증언을 하는 사람도 있고, 마음이 달라져서 사실을 왜곡해서 말하는 사람도 있다. 더욱이 그들의 증언을 적는 서기도 공정하게 기록한다고만 볼 수도 없다.

그런 의미에서는 역사학자라고 해서 정말로 공정하게 쓰는지 아닌지 확실치 않다. 자기주장을 강조하고 싶어질지도 모르며, 빨리 책을 끝내고 싶어 했는지도 모른다. 흥미롭게도 프랑스의 역사책은 각 장마다 '이것은 진실이다'라는 말을 붙여서 시작한다. 그러니까 역사학자의 이름만 보고 무엇이나 옳다고는 생각하지 않는 것이 좋다. 무엇이나 자기가 분석하고 자기가 판단을 내릴 필요가 있다.

그렇다고 해서 역사 같은 것을 공부할 필요가 없다는 것은 아니다. 누구나가 인정하는 사실이라는 것은 존재하며 그런 것은 알아두는 것이 좋다. 오히려 역사는 인간이 사회 속에서 살아가는 데 어느 학문보다도 필요한 것인지도 모른다.

다만 과거에 그랬으니까 현재도 그렇다고 단정적으로 말해서는 안 된다. 과거의 예를 들어서 현재의 문제를 검토하는 것은 좋지만 이런 때는 신중을 기해야 한다. 과거 사건의 진상이란 도저히 밝혀낼 수는 없는 것이다. 고작 추측할 수 있을 뿐이다. 무엇이 참다운 원인인지는 알 턱이 없다. 과거의 증언은 현재의 증언에 비한다면 훨씬 애매한 것이다. 더욱이 시대가 낡으면 낡을수록 신빙성은 희박해질 수밖에 없다.

위대한 학자 가운데는 공사를 막론하고 비슷하다는 이유만으로 무턱대고 과거의 사례를 끌어대는 사람이 있다. 이것은 참으로 어리석은 짓이다. 그들은 생각해보지도 못했겠지만 천지창조 이래로 이 세상에 똑같은 사건이란 일어난 예가 없는 것이다. 더욱이 어떠한 역사가라 할지라도 사건의 전모를 기록한 사람은 없으니만큼, 여기에 입각한 의론이란 무의미하기 짝이 없는 일이다.

따라서 옛 학자가 이렇게 썼으니까, 시인이 이렇게 노래했으니까, 라는 이유만으로 인용해서는 안 된다. 사물은 모두가 같을 수는 없다. 따라서 각기 따로 논해야 하는 것이다. 닮아 있다고 생각되는 예를 참고로 하고 싶으면 해도 좋지만 어디까지나 참고만 하지, 그것을 판단의 근거로 삼아서는 안 된다."

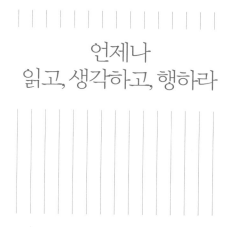

언제나
읽고, 생각하고, 행하라

독서는 사람을 완전한 인간으로 만든다

—

벤저민 프랭클린도 "책을 많이 읽어라"라고 권하기는 했다.

"내가 젊어서 독서할 시간이 많을 때는 책이 없었다. 이제 내가 늙고 보니 책은 많이 있는데 읽을 시간이 없게 되었다."

그러나 이 말에는 '너무 많이 읽어서는 안 된다'라는 단서가 붙어 있었다. 그는 책보다 중요한 것이 따로 있다고 여겼다.

"독서는 사람을 완전한 인간(a full man)으로 만든다. 토론은 준비된 인간(a ready man)으로 만든다. 글쓰기는 정확한 인간(an exact man)으로 만든다."

프랜시스 베이컨Francis Bacon의 말이다.

지식이며 정보만 있으면 안 된다. 특히 요즘과 같이 인터넷과 언론에 의해 정보가 범람하면 자칫 그 속에 묻혀버리기가 쉽다. 받아들인 정보며 지식을 어떻게 살릴지 생각하는 과정이 있어야 한다. 그러니까 정보와 사고가 균형을 이뤄야 한다는 것이다.

17세기 영국을 대표하는 사상가로 흔히 존 로크John Locke와 토마스 홉스Thomas Hobbes를 꼽는다. 그 홉스에 대해서 동시대를 살던 경제학자 윌리엄 페티William Petty가 다음과 같이 말했다.

"오래 산 세월로 보아서도 홉스의 독서량은 많았지만, 사색하는 시간이 독서보다 더 많았다. 만약에 다른 사람들과 같은 분량의 독서만 하고 있었다면, 그들과 같은 정도의 지식밖에 갖지 못했을 것이다. 이게 그가 늘 하던 말버릇이었다."

지금까지 세상에 나온 책은 천문학적 숫자에 이른다. 그것을 전부 다 읽는다는 것은 전혀 불가능한 일이다. 그래서 무슨 책을 어떻게 읽는지가 중요하게 된다. 또 독서보다 더 중요한 것이 생각하는 것이다. 에디슨Thomas Edison은 어린 나이에 이미 이런 진실을 깨달았다. 가난했던 소년 에디슨은 기차 안에서 음료수를 파는 일을 하고 있었다. 그는 기차가 종착역에 간 다음에 다시 돌아올 때까지의 비어 있는 시간을 이용해서 도서관을 다녔다. 그러던 어느 날 도서관의 책장에 꽉 찬 책들을 보고 생각했다.

'이 책들을 전부 다 읽을 수가 없다. 다 읽으려면 생각하는 시간이 없어진다. 무엇을 공부해야 하는지 정해놓고 집중적으로 읽는 수밖에 없다.'

19세기 초의 영국 계관시인이자 작가였던 로버트 사우디Robert Southey는 지금은 잊힌 시인이지만 당시에는 대단한 명성을 얻고 있었다. 그는 매사에 여간 까다롭지가 않았다. 그를 만날 수 있는 시간도 정해져 있었으며, 매일 생활도 일정한 시간표에 따라 이뤄졌다. 그를 예방한 한 숭배자에게 자기가 1분 1초를 얼마나 완전히 사용하며, 그것도 미리 정해진 대로 이뤄지는가를 다음과 같이 설명했다.

"나는 1년 내내 아침 5시에 일어나서 6시부터 8시까지는 스페인어 책을, 그다음 1시간은 프랑스어 책을, 그리고 그다음 30분 동안은 포르투갈어 책을 읽습니다. 그러기 위해 책상 위에는 시계가 놓여 있답니다. 이렇게 독서가 끝나면 2시간 동안 시작詩作을 하고, 그다음에 2시간 동안 산문을 씁니다. 그런 다음에 같은 시간 동안 번역 작업을 합니다."

이런 말을 듣고 나서 그 숭배자는 그에게 되물었다.

"그러면 생각은 언제 하십니까?"

지식이란 살이 되고 피가 되는 산지식이라야 한다
—

《명심보감》에 이런 말이 나온다.

"마음가짐을 침착히 하여 사물에 응할 수만 있다면 비록 글을 읽지 않았더라도 덕 있는 군자라 할 만하다."

책만 많이 읽는다고 해서 군자가 되는 것은 아니다. 책을 읽지 않아도 행실만 올바르게 한다면 얼마든지 군자가 될 수 있다는 뜻이다. 책을 통해서 얻은 지식이 행동으로 옮겨지지 않는다면 지식은 아무 소용도 없다. 학문을 한다는 것은 단순히 지식을 많이 얻기 위한 것이 아니다. 지식은 어디까지나 현실에 바탕을 두고 있어야 하며 생활화되어야 한다. 그렇지 않으면 공염불에 지나지 않는다. 지식이란 살이 되고 피가 되는 산지식이라야 하는 것이다.

《안씨가훈》에는 다음과 같이 적혀 있다.

"독서를 하고 학문을 하는 것은 마음을 닦고 눈을 키우고 조금이라도 그릇된 행동을 하지 않기 위해서이다.

가령 효도를 할 줄 모르는 사람이 있다고 하자. 그런 사람은 부모의 안색을 보고 그분의 마음속을 헤아리고 항상 온화한 태도로 부모의 마음을 거역하지 않은 옛사람을 보면 자기 행실을 부끄럽게 여기고 따라 하게 될 것이다.

또 윗사람을 모시는데 어떻게 해야 하는지를 모르는 사람이 있다고 하자. 그런 사람은 맡은 바 직무를 성실히 수행하고 목숨 걸 때는 목숨을 내던지고 때로는 군주에게 싫은 소리를 하면서 나라를 위해 일한 옛사람의 행실을 안다면 자기 행동을 반성하고 본받게 될 것이다.

또 사치스러운 생활을 하면서 남을 업신여기는 사람이 있다고 하자. 그런 사람은 늘 겸허한 자세로 사물을 소중히 여기고 검소한 생활을 하면서도 항상 예를 지키고 상대방에게 공손하게 대했던 옛사람의 행실을 안다면 자기 행실을 뉘우치고 자기 마음가짐을 바꾸려 할 게 틀림이 없다.

인색한 사람이 있다고 하자. 그런 사람은 재물보다도 의를 더 소중히 여기고 사욕을 누르고 적당히 자족할 줄을 알고 또 가난한 사람들에게 도움의 손길을 건넨 옛사람의 얘기를 알게 된다면 절로 얼굴을 붉히고 새삼스레 자기가 모은 재산을 어떻게 써야 하는가에 대해서 생각하게 될 것이다.

천생이 난폭한 사람이 있다고 하자. 그런 사람은 세심하고 겸허한 마음가짐으로 상대방을 감싸고 또한 어진 사람에게 경의를 보이는 것을 잊지 않은 옛사람의 거동을 본다면 부끄러워진 나머지 당장 풀이 죽게 될 것이다.

천생이 겁이 많은 사람이 있다고 하자. 그런 사람은 인생을 달관하면서도 꿋꿋하게 올바른 길을 걷고 거짓말을 하지 않고 비뚤어진 일에 손을 대지 않은 옛사람의 얘기를 듣고 나면 힘이 솟아오르고 꽁무니를 빼지 않게 될 것이다.

이렇게 예를 들자면 한이 없지만 어떤 경우에도 옛사람으로부터 배우는 바가 많아지게 된다. 설사 뜻대로 되지는 않는다 해도 적어도 최악의 상태는 피할 수 있게 될 것이다.

대저 배우고 알게 된 것은 모두 행동의 지침으로 활용할 수가 있다. 그런데 세상 사람들은 책을 읽고도 말주변만 늘고 실천에는 옮기지 않는다. 그래서 사람들로부터 충효와 인의가 두텁다고 칭송받는 일도 없거니와, 간단한 재판도 제대로 하지 못하고 작은 마을조차 제대로 다스리지 못한다. 또 집을 어떻게 짓고 무슨 목재를 써야 하는지도 모르고, 곡물도 어느 철의 것인지조차 분간을 하지 못한다. 그러고는 주로 노래를 읊거나 싱거운 농담이나 주절거리고, 시원찮은 시를 짓거나 놀이에 정신이 팔리기만 한다. 이리하여 더욱더 쓸모없는 인간이 되고 만다. 그런 인간에게 나라의 경영을 맡긴다는 것은 부당한 일이다."

아는 체하는 사람이야말로 진짜 어리석은 사람이다
—

한편, 길가에서 핫도그를 파는 영감이 있었다. 그는 귀가 어두워서 라디오를 들어본 적도 없고, 눈이 어두워서 신문을 보지도 못했다. 혹여 귀나 눈이 멀쩡하다 해도 라디오를 듣거나 신문을 볼 여유가 없었다. 그만큼 그는 열심히 핫도그 장사를 했다. 처음 장사를 시작했을 때는 허술한 천막 가게였는데 워낙 맛이 좋고 또 값이 싸기 때문에 차츰 그의 핫도그를 사 가는 손님들이 늘어났다. 그래서 그는 조금씩 가게를 늘려나갔다. 그러다 보니 자기 혼자서는 핫도그 장사를 하기가 힘들어졌다. 생각 끝에 그는 대학을 다니는 아들에게 집으로 돌아와서 장사를 도와달라고 부탁했다.

아들은 아버지가 종일토록 쉴 사이도 없이 핫도그를 파는 데 열중하는 모습을 보더니 딱하다는 표정을 지으면서 아버지를 나무랐다.

"아버지는 라디오나 텔레비전에서 세계 경제가 불경기 바람을 타기 시작했다는 뉴스를 들어본 적이 없어요? 신문은 또 매일같이 불황의 찬바람이 국내 시장을 덮치고 있다는 보도를 하고 있는데 한 번도 눈여겨보지 못했어요? 이 쥐꼬리만 한 핫도그 장사도 문을 닫는 날이 머지않았다는 사실을 왜 깨닫지 못하십니까?"

아들의 말을 들으니 참으로 그럴듯했다. 뭐니 뭐니 해도 아들은 무식한 자기와는 달리 고등교육을 받은 몸이다. 그런 아들이 하는 말이 틀릴 턱이 없지 않은가. 아버지는 왜 무모하게 장사 규모를 늘리기에 앞서 유식한 아들의 의견을 물어보지 않았는지 새삼 후회했다.

아버지는 당장 핫도그의 원료들을 구입하는 양을 대폭 줄였다. 장사에 쏟던 정성도 시들해졌다. 도로 곁에 세워두었던 광고판도 치워버렸다. 그러자 그의 핫도그 가게를 찾는 손님도 줄어들기만 했다. 가게 형편이 그렇게 돌아가자 아들의 말이 맞았다며 아버지는 새삼 공부를 많이 한 아들을 고마워했다.

우리는 흔히 똑똑한 사람과 어리석은 사람, 아니면 유식한 사람과 무식한 사람의 두 부류로 나눈다. 이것은 정확한 분류법이 못 된다. 어리석은 사람에는 세 가지가 있다. 우선 자기가 무식하고 어리석다는 것을 아는 사람이 있고, 자기가 똑똑하고 유식하다고 여기는 사람이 있다. 그리고 또 자기나 남이나 똑같이 무식하고 어리석다고 여기는 사람이 있다. 이 중에서 가장 딱한 것은 어설픈 지식밖에 갖고 있지 못하면서도 유식한 체하는 사람이다. 그는 완전히 모르는 사람보다 더 어리석은 것이다. 《탈무드》에서는 이렇게 설명하고 있다.

"완전히 가라앉은 배는 다른 배들의 항행에 방해가 되지 않는다. 그러나 절반이 가라앉은 배는 다른 배들에 방해가 된다."

사람은 무엇을 모르고 있는가가 아니라 무엇을 알고 있는가로 판단해야 한다. 아는 체하는 것보다도 무지한 것이 훨씬 낫다. 왜냐하면 무식하다는 것은 지혜의 결여를 뜻하는 것이 아니며, 유식하다는 것이 바로 머리가 좋다거나 재능이 많다는 것을 뜻하지는 않기 때문이다. 자기가 아는 것이 별로 없다는 것을 깨닫고 있는 사람은 그가 생각하는 만큼 어리석은 게 아니다. 오히려 자기가 많이 알고 있다고 해서 제법 현명하다고 생각하는 사람이야말로 진짜 어리석은 사람인 것이다. 그런데도 쥐꼬리만큼 유식하다고 해서 뽐내는 사람이 이 세상에는 너무 많다. 자기가 머리를 짜내서 꾸며낸 의견도 아니고, 자기가 충분히 소화하지도 못한 지식이란 아무짝에도 소용이 없는 구이지학(口耳之學, 들은 것을 그대로 남에게 전하는 수준의 학문)에 지나지 않는다. 그런 지식을 자랑한다는 것은 참으로 비웃음의 대상밖에 되지 않는 것이다.

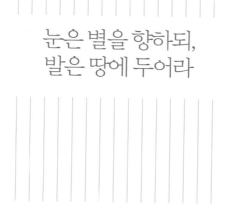

눈은 별을 향하되,
발은 땅에 두어라

자기 눈으로 보고 관찰을 하고, 체험을 통해서 세상을 알아야 한다
—

연암燕巖 박지원朴趾源은 아들에게 이렇게 말했다.

"학문이란 별다른 게 아니다. 한 가지 일을 하더라도 분명하게 하고, 집을 한 채 짓더라도 제대로 지으며, 그릇을 하나 만들더라도 규모 있게 만들고, 물건을 하나 감식하더라도 식견을 갖추는 것, 이런 모든 것이 학문의 일단一端이다."

여기서 그는 분명 책상머리에 앉아서 책을 읽는 것만이 학문은 아니라고 말하는 것이다. 또 박지원은 아들에게 이렇게 당부했다.

"젊은이들이 정공부(靜工夫, 가만히 앉아서 심성을 수양한다는 성리학의 용어)를 하느라 혼자 있는 것은 좋은 일이기는 하다. 그러나 고요히 혼자 있는 중에 사악하고 편벽된 기운이 끼어들기 쉬운 법이다. 신독(愼獨, 홀로 있을 때도 도리에 어긋남이 없도록 행동을 삼가야 한다는 뜻으로《대학》에 나오는 말)의 공부를 하여 남이 안 보는 곳에서도 도리에 어긋난 일을 하지 않는다면 참으로 좋은 일이지만, 그렇지 못하다면 남들과 함께 거처하며 악의 싹을 미연에 막는 게 낫느니라. 상고 시대 사람들이 젊은이들로 하여금 학교에 모여 공부하게 한 뜻은 단지 공부에 서로 도움을 주고자 해서만이 아니었다.

젊은이들이 고요한 곳에 깊이 거처하여 물욕을 접하지 않을 때는 마음이 밝고 기운이 맑으므로 도리에 맞게 행동할 수 있다고 스스로 생각한다. 그러나 시끌벅적하고 복잡한 상황에 처하면 왕왕 까마득히 자기 자신을 잃어버린 채 잘못되거나 어긋난 행동을 하는 사람이 있다. 그러니 세상 경험이 없어서는 안 된다. 옛날 만석이라는 중은 10년 동안 참선을 했지만 끝내 한 여자의 유혹을 뿌리치지 못해 무너지고 말았으니, 이 또한 세상 경험이 없었기 때문일 것이다.”

체스터필드는 산지식을 얻으려면 세상물정을 알아야 한다고 일렀다.

“세상물정도 모르는 학자들이 휘두르는 이론이야말로, 세상이란 그렇게 이론대로 판에 박은 듯이 움직이지 않는다는 것을 알고 있는 사람을 지치게 만든다. 그는 실사회에서 인간을 관찰한 적도, 어울려 본 적도 없다. 때문에 세상에는 가지각색의 인간이 있고, 관습이나 편견과 취향도 가지각색이고, 그런 것들을 한 묶음으로 해서 한 인간이 존재한다는 것을 도통 알지 못한다. 요컨대 실제로 살아 있는 인간에 대해서는 전혀 무식하다는 것이다.

세상물정을 모르는 학자에게는 뉴턴이 프리즘을 통해서 빛을 봤을 때처럼 인간이 여러 가지 색깔로 나뉘어 보인다. 이 사람은 이 색, 저 사람은 저 색이라는 식으로 단정 짓는 것이다. 그러나 경험을 많이 쌓은 염색공은 다르다. 한 가지 색이라도 명암이 다르며, 채도도 여러 가지로 다르다는 것을 알고 있다. 보기에는 한 가지 색 같지만, 사실은 여러 가지 색이 섞여 하나의 색을 만든다는 사실을 알고 있다.

일반적으로 단색으로 되어 있는 인간이란 존재하지 않는다. 다소나마 다른 색깔이 섞여 있거나, 명암의 차이가 있다. 그뿐이 아니다. 비단이 빛을 어떻게 받느냐에 따라서 색깔이 변하듯이, 처한 상황에 따라서 어떤 색으로도 변하는 것이야말로 인간의 속성이다.

이런 것은 세상의 이치를 아는 사람에게 해당하는 일이다. 그러나 사회에서 격리되어 홀로 연구실에 틀어박혀 책이나 읽으면서 마치 세상사를 다 알고 있다는 듯이 자신만만한 학자들은 그런 것을 모른다. 이런 지혜는 아무리 머리로 궁리한다 해도 알 수 있는 게 아니다. 그래서 자기가 연구한 것을 실천에 옮기려 해도 뜻대로 되지 않는 것이다. 사람이 춤을 추는 것을 본 적이 없는 사람, 춤을 배운 적이 없는 사람은 비록 악보를 읽고 멜로디며 리듬을 이해할 수는 있어도 춤을 추지는 못하는 것과 같은 이치이다.

자기 눈으로 보고 관찰을 하고 실제로 체험을 통해서 세상을 아는 사람은, 단순히 책을 통해서만 밖의 세상을 아는 사람과는 근본적으로 다르다. 그것은 조련이 잘된 말이 나귀보다 훨씬 쓸모가 있다는 것과 마찬가지이다.

　너도 이제는 지금까지 배운 것, 듣고 보고 한 것을 종합해서 너 나름의 판단을 가지고, 인격이며 행동 양식이며 예의 작법들을 굳혀야 할 때가 되었다. 이제부터는 세상을 알고 한층 더 자신을 다듬는 일이 남아 있다. 그런 뜻에서 세상에 대해서 적혀 있는 책을 보는 것은 좋은 일이다. 그리고 책에 적혀 있는 것과 현실을 비교해본다면 좋은 공부가 될 것이다. 인간의 움직이는 마음과 흔들리는 감정에 대해서 책에는 여러 가지로 적혀 있다. 그것도 미리 읽어두는 것은 좋다. 그러나 여기서 끝나서는 안 된다. 실제로 사회에 발을 들여놓고 관찰을 하지 않으면 모처럼 얻은 지식도 쓸모없는 것이 되고 만다. 그뿐 아니라 그릇된 방향으로 흐르게 된다. 방 안에서 세계지도를 펴서 아무리 노려본다 해도 세계에 대해서는 아무것도 알지 못하는 것이다."

세상살이에 대한 지혜를 젊은이에게 가르치는 사람이 좀처럼 없다
—

　체스터필드는 아들에게 이런 편지도 써 보냈다.

　"지식 가운데는 어떤 사람에게는 필요하지만 다른 사람에게는 필요하지 않은 것도 있다. 가령 천문학이란 일반적인 상식 정도만 필요할 뿐이고, 전문적인 지식은 보통 사람에게는 필요하지 않다.

　그러나 어떤 직업에 종사하고 있든지 누구나 알고 있어야만 하는 것은 철저하게 알아두는 것이 좋다. 외국어 중의 한 가지, 또 역사나

지리, 경제학의 기초 지식, 또 인생을 어떻게 살아가야 하는가 하는 지혜 같은 것들이다. 이런 것들을 어느 정도 내 것으로 만들기 위해서는 적지 않은 노력이 필요하다. 그러나 하나씩 차곡차곡 배워나간다면 그리 어려울 것도 없다. 또 그러면 충분한 대가를 받게 된다.

거듭 말하겠지만 너는 어리석은 사람들이 곧잘 입에 담는 '그런 것은 못한다'라는 식의 변명은 하지 말았으면 좋겠다. 정신적으로나 육체적으로나 '할 수 없다'라는 것은 있을 수 없다. '한 가지 일에 오랫동안 집중하지 못한다'라는 것은 자기는 바보이며 못났다고 말하는 것과 조금도 다를 바가 없다.

내가 아는 사람 가운데 칼을 어떻게 차야 하는지를 모르는 사람이 있었다. 그는 식사를 할 때마다 칼을 풀어놓고 있었다. 칼을 찬 채로는 식사를 하지 못한다는 것이었다. 나는 그에게 이렇게 말했단다. '칼을 풀어놓는다는 것은 이 식사 중에는 우리 모두에게 위험한 일은 일어나지 않는다는 것을 당신 자신이 장담한다는 의미랍니다.'

어쨌든 다른 사람이 모두 손쉽게 하고 있는 것을 '못한다'고 말하는 것은 참으로 창피스러운 일이며 어리석은 일이 아니겠느냐?"

체스터필드는 또 아들에게 세상을 알라고 이르고 있다.

"늘 이상하게 생각하는 것이지만 세상살이에 대한 지혜를 젊은이에게 가르치는 사람은 좀처럼 없다. 모두가 그런 것은 자기가 할 일이 아니라고 생각하고 있기 때문일까?

학교 선생이나 대학교수만 해도 그렇다. 그들은 언어 등 자기 전문 분야에 대해 몇 가지만 가르칠 뿐이지, 그 이외의 것은 아무것도 가르치지 않는다. 아니, 가르치지 못한다는 것이 더 옳은 말인지도 모른다. 그것은 부모의 경우도 마찬가지이다. 부모도 가르칠 수 없어서인지 바빠서인지 무관심해서인지 자식을 가르치려 하지 않는다. 그중에는 아이를 세상에 그냥 내던지는 것이 가장 좋은 공부 방법이 된다고 생각하는 부모도 있다. 어느 의미에서는 옳은 생각이기도 하다. 분명 세상일이란 이론만으로는 알지 못한다. 실제로 사회 경험을 해야만 하기 때문이다.

그렇지만 젊은이가 미로로 가득 찬 사회에 첫발을 내딛기 전에 그 속에 발을 들여놓은 경험이 있는 사람이 대충이라도 지도를 그려주는 정도는 무방하다고 생각한다."

책만 읽어서는 말을 마음을 헤아리지 못한다

—

《안씨가훈》에서도 세상을 알아야 한다면서 농부의 어려움에 대해 말하고 있다.

"옛사람이 농민의 고생을 알려고 한 것은 그것이 곡물을 귀하게 여기고 농업을 소중히 여기는 길이기 때문일 것이다. 사람은 음식이 없으면 살 수 없다. 그런데 논밭을 갈고 씨를 뿌리고 풀을 깎고 벼가 자란 다음에 베어 겨를 떨어내고 창고에 저장할 때까지 수많은 사람이 고생해야 한다. 그런 농업을 가볍게 여기면 어찌 말업(末業, 사농공상에서 맨 끝의 상업)을 존중할 수가 있겠는가?

강남의 고급 관리들은 진나라의 중흥에 의해 남쪽으로 넘어온 다음에 그냥 정착한 지 벌써 8대, 9대에 이르고 있다. 그동안 그들은 단 한 번도 논밭을 경작한 적이 없으며, 주로 봉급을 받아서 생활해왔다. 설사 논밭을 가지고 있다 해도 경작은 모두 하인들에게 맡기고, 자기는 한 번도 흙을 파거나 묘목을 심어보기는커녕 본 적도 없다. 그래서 농사에 대해서 아는 것이 아무것도 없다. 그러니 이들이 정치를 할 때 엉뚱한 짓만 하고 만사를 결딴낸다. 그것은 모두 지나치게 우아한 생활에 젖은 결과이다."

"눈은 별을 향하되, 발은 땅에 두어라."

시어도어 루스벨트Theodore Roosevelt가 한 말이다. 이것은 뜻은 높게 가지되 항상 현실에 발을 디디고 있어야 한다는 교훈이다. 그래야 배운 다음에 반드시 실행할 수 있을 것이다.

전국 시대에 진나라가 강대해지자 조나라의 무령왕武靈王은 진나라 밑에 들어가기로 했다. 한 가신이 반대하면서 다음과 같이 간했다.

"지금 임금께서는 우리나라의 풍속까지도 바꾸고 진나라의 호복胡服을 입히려 하고 있습니다. 이는 나라를 돌보지 않는 것이며, 조상 전래의 예에 어긋나는 처사입니다. 그러니 생각을 고쳐주십시오."

왕은 다음과 같이 대답했다.

"나라를 다스리는 방법에는 하나만 있는 게 아니다. 또 나라를 이롭게 하는 방법 중에서 옛 방법만이 좋은 것은 아니다. 오히려 옛것과 다른 것이 필요할 때도 있는 것이다. 성인이란 속俗과 더불어 흐르고, 현자는 변화와 더불어 옮겨 간다고 한다. 속담에도 책만 읽고 마차를 끌겠다는 사람은 말의 마음을 헤아리지 못한다고 했다. 옛것으로 오늘을 다스리는 자는 세상의 변화를 따라가지 못하는 법이다. 옛것만을 소중하게 여기는 책상머리의 학문 따위는 격동하는 오늘을 이겨내는 데 하등 도움이 되지 않는다."

상상력은
지식보다 더 중요하다

선인의 어깨 위에 올라서서 보면 훨씬 멀리까지 보인다

—

'술이부작述而不作'은 《논어》에 나오는 공자의 말이다.

"내 학설은 다만 옛 성인이며 현인들의 가르침을 그대로 조술(祖述, 선인의 설을 토대로 서술함)하고 전할 뿐이며, 여기에 나 자신의 새로운 생각을 가미하거나 창작한 것이 아니다."

이처럼 공자는 늘 겸손했다는 해석이 있고, 자신의 의견을 새로 말하는 것이 아니고 선현의 말인 만큼 틀림이 없다는 뜻이라는 해석도 있다. 공자 같은 대단한 분도 이렇게 말했는데, 어떻게 감히 나 따위가 새로운 학설이나 견해를 밝힐 수가 있겠느냐고 우리 옛 학자들이 생각했다.

좋게 보면 그만큼 겸손했다고 할 수도 있지만, 달리 생각하면 그만큼 독창적인 사고를 부정했다는 얘기가 된다. 공자 자신이 뜻한 바는 아니었지만 그는 학문에나 모든 행동 지침에나 요지부동의 틀을 만들어냈다. 그리고 그를 따르는 사람들은 그 틀 밖에 나간다는 것은 감히 꿈도 꾸지 못하는 엄청난 죄악으로 여겼던 것이다. 우리나라의 학문이 오랫동안 정체를 벗어나지 못한 가장 큰 원인도 이런 데 있었다.

조선 시대 수백 년 동안에는 책도 아무 책이나 읽을 수 없었다. 파평 윤씨라는 대단한 명문의 후손인 윤학준尹學準이 젊었을 때 어린 조카를 등에 업고 소식의 '적벽부赤壁賦'를 낭송하고 있었다. 그것을 듣고 먼 친척 어른이 그를 불러서 호령했다.

"그런 한량의 글은 그만 읽고《논어》나《맹자》를 읽어라."

그 어른에게는《삼국지三國志》를 비롯한 모든 소설은 한량이나 읽는 잡서요 금서였다. 이처럼 꽉 막힌 지적 풍토 속에서 창조적인 사고 능력이 싹튼다면 기적이나 같은 일이었을 것이다.

과거의 수레를 벗어나고 틀 밖으로 나가야 한다는 말을 한 사람이 전혀 없었던 것은 아니었다. 특히 중국에서는 흔히 볼 수 있었다.

《신음어》에도 이런 말이 나온다.

"정해진 틀 안에서 일을 잘 해나간다는 것은 웬만큼 유능한 사람이라면 누구나 할 수 있을 것이다. 그러나 정해진 틀 밖에까지 손을 뻗쳐 훌륭한 일을 해낸다면, 이것은 재才와 지知를 갖춘 출중한 사람이 아니면 어려운 일이다.

그러자 '틀 밖에까지 나가야 합니까?'라고 반문하는 자가 있었다.

그래서 나는 이렇게 대답했다. '세상에서는 틀 밖이라고 생각하겠지만 뛰어나게 큰 인물에게는 지극히 당연한 일일 뿐이다.'"

이렇게 말하면서 《신음어》의 작자 여곤은 다음과 같은 말을 덧붙였다.

"만약에 이런 인물이 있다면 물론 나는 그와 고락을 같이하고 싶다."

자질구레한 일에 지나치게 결백한 사람, 또 오로지 규범만을 따라하려는 사람이 있다. 이런 사람은 태평성대에서라면 한 방면, 한 부문을 맡겨도 무난할 것이다. 그러나 어려운 문제를 해결한다거나, 긴급 사태를 해결하려 할 때는 어딘가 비상식적인 사람이 어울리는 경우가 많다.

"앞서 가는 사람의 발자국을 밟아가기만 하면 안 된다. 배운다는 것은 자기 자신이 몸으로 터득하는 것이다."

《신음어》에서는 이렇게 말하기도 했다.

우리나라에도 박지원 같은 인물이 있었다. 그는 만년에 병풍에 다음과 같은 여덟 글자를 쓰고 좌우명으로 삼았다.

"인순고식因徇姑息, 구차미봉苟且彌縫."

낡은 인습에서 벗어나지 못하고 눈앞의 편안함만 좇으면서, 적당히 임시변통으로 땜질하는 태도를 경계하라는 경구이다. 그는 아들들에게 "천하만사가 이 여덟 글자로부터 잘못된다"라며 늘 경계하라고 말했다.

박지원은 그래도 낡은 인습에서 벗어나야 한다고 말했다. 그런 그도 감히 공자를 비판하지는 못했다. 그뿐만 아니라 학문 이외의 다른 분야에서도 창의력이 얼마나 중요한가를 자손은 물론 후진들에게 일깨워주지는 못했다.

괴테Johann Wolfgang von Goethe는 "선인의 어깨 위에 올라서서 보면 훨씬 멀리까지 보인다"라고 말했다. 우리의 옛 학자들은 감히 선인의 어깨 위에 올라탈 생각은 하지 못했다. 그저 선인의 발밑에 눌려 지내기만 했다. 그게 가장 편안한 처신의 자세였던 것이다.

우리가 이렇게 움츠리고 상상력의 날개를 펴지 못하고 있을 때, 서양 사람들은 마냥 상상력을 키워나가는 데 힘썼다. 마키아벨리 같은 지극히 현실적인 사람도 상상력이 얼마나 중요한가를 잘 알고 있었다. 그는 이렇게 말했다.

"지휘관에게 가장 중요한 자질은 상상력이다. 비단 군대의 지휘관만이 아니라 어떤 직업에나 상상력 없이는 그 길에서 대성한다는 것은 불가능하다."

항상 스스로 사물에 대해 깊이 생각하는 버릇을 길러야 한다
—

체스터필드는 아들에게 구체적이고 설득력 있게 틀을 벗어나야 한다고 타일렀다.

"너는 이제 사물을 깊이 생각할 수 있는 나이가 되었다고 생각한다. 너와 같은 또래의 젊은이 중에서 그렇게 할 줄 아는 사람은 흔하지 않다고 여기지만, 너는 꼭 사물을 깊이 생각하는 버릇을 가졌으면 좋겠다. 그리고 진리를 추구하고 삐뚤어진 지식을 갖지 않도록 해라.

하기야 이렇게 말하는 나도 그런 버릇을 갖게 된 것은 그리 오래된 얘기가 아니다. 16, 7세까지는 나 스스로 생각하지 않았다. 그 후 조금은 생각하게 되었지만 크게 달라지지는 못했다. 그냥 읽은 책의 내용을 무턱대고 받아들이고, 내가 어울리는 사람들의 말이 옳은지 그른지를 가려보지 않은 채 그냥 받아들이기만 했다. 애써 공들여 진실다운 것을 추구하기보다는, 비록 잘못되어도 편한 게 좋다는 생각이었다. 귀찮기도 하고 노는 데 바쁘기도 했다. 그리고 상류 사회의 독특한 사고방식에 다소 반항도 했다.

그렇기 때문에 분별 있는 생각을 갖지도 못하고, 뒤늦게야 편견에 사로잡혀 있는 나 자신을 발견했다. 만약 그렇지 않으면 나 자신은 진리를 추구하는 대신에 마냥 그릇된 사고방식을 키우고 있었을 것이다. 그러나 스스로 생각해보겠다고 마음을 먹고 시작해보니 놀랍게도 사물을 보는 눈이 완전히 달라졌다.

나의 최초의 편견은 고전에 대한 절대주의였다. 이것은 많은 고전을 읽고 또 선생들로부터 강의를 받는 동안에 자연히 몸에 붙은 것이며, 내가 고전을 신봉하는 열성은 이만저만이 아니었다.

나는 지난 1,500년 동안에 이 세상에 한 가닥의 양식도 양심도 존재하지 않는다고 믿었다. 양식과 양심은 모두 고대 그리스, 로마제국과 함께 멸망했다고 생각했던 것이다. 호메로스Homeros와 베르길리우스Vergilius는 고전이기 때문에 옳고, 밀턴John Milton과 루소는 현대인이기 때문에 볼 만한 것이 못 된다고도 생각했다.

지금은 다르다. 지금은 300년 전의 인간이나 오늘의 인간이나 같다는 것을 잘 알고 있다. 어느 쪽이나 다 인간일 뿐이며, 다만 관습이나 삶의 자세가 달라졌을 뿐이지, 인간의 성질이란 예나 지금이나 변할 턱이 없다. 짐승이나 식물이 1,500년 전, 300년 전과 비교해서 하등 진보하지 않은 것과 마찬가지로, 인간도 과거와 비교해 어느 쪽이 더 훌륭하고 용감하고 현명했다고 판단하기는 힘들다.

제법 학자인 체하는 교양인은 흔히 고전을 철석같이 믿고, 그렇지 않은 사람은 현대 것을 열광적으로 믿는 경우가 많다. 그러나 현대인이나 고대인이나 장점도 있고 단점도 있다. 인간이란 옛사람이든 현대 사람이든 똑같이 좋은 일도 하지만 나쁜 짓도 하는 것이 아닌가, 라고 뒤늦게야 깨달은 것이다.

고전만이 아니라 종교에 대해서도 편견이 대단했다. 한때는 영국교회가 아니면 이 세상에서 가장 정직한 사람도 구제받지 못한다고 진심으로 믿기까지 했던 것이다. 그 당시에는 사람의 사고방식이나 의견이 그리 간단히 바뀌지 않는다는 것을 미처 알지 못했었다. 또한 내 의견이 다른 사람의 의견과 다를 수 있는 것이 당연한 것처럼, 다른 사람도 나와 의견을 달리하는 것도 당연하며, 그것은 용납할 수 없는 것도 아니다. 설사 의견이 다르다 해도 서로가 진지하기만 하면 되고, 서로가 관용을 베풀어야 한다는 것을 미처 깨닫지 못했던 것이다.

세 번째의 그릇된 생각은 사교계에서 사람들의 눈에 띄려면 얼핏 보아 한량답게 굴 필요가 있다는 어리석은 생각이다. 한량다운 사람들이 사교계에서 사람들의 이목을 끈다는 얘기를 듣고 깊이 생각하지도 않고 그냥 자기 목표로 삼아버린 것이다. 나는 한량이 아니라 하여 자기가 대상으로 삼고 있는 사람들에게 비웃음을 받고 싶지 않다는 마음이 있어서였는지도 모른다.

지금은 남들이 어떻게 생각하든 두려울 것이 없다. 한량 티를 낸다는 것은 한낱 오점에 지나지 않으며, 그들이 인정받기를 원하는 사람들에게 오히려 낮게 평가를 받을 뿐이다. 사람들 중에는 자기의 결점을 감추려 하기는커녕 없는 결점까지도 있는 것처럼 과시하려는 사람까지 있다. 편견이란 이처럼 무서운 것이다.

얘기가 길어졌지만 내가 말하려는 것은 자기 머리를 써서 사물을 단단히 생각하는 습관을 기르라는 것이다. 우선 네가 지금 가지고 있는 사고방식을 하나하나 점검해서 정말로 자기가 생각한 것인지, 아니면 사람들로부터 배운 그대로 생각하고 있는 것인지, 혹시 편견이나 지레짐작은 없는지 생각하는 것에서 시작해라.

편견이 없어지면 자기 머리를 써서 여러 사람의 의견을 듣고 옳은지 그른지, 그리고 어디가 옳은지 아닌지를 생각하고 모든 것을 종합해본 다음에 자기 생각을 갖도록 해라. 진작 나 스스로 판단하는 게 좋았다고 후회하는 일이 없도록 조금이라도 빨리 시작해라. 하기야 인간의 판단력이 항상 옳을 수는 없다. 그릇될 수도 있다. 그러나 잘못을 줄일 수는 있는 것이다. 이런 때 도움이 되는 것이 책이며 사람이다. 그러나 그것도 과신해서는 안 된다. 그것은 어디까지나 하나님이 인간에게 부여한 판단력을 보조해주는 데 지나지 않는다."

자유롭게 마음의 춤을 추고, 기존의 틀에서 벗어나라

—

퇴계, 다산, 연암 중 그 누구도 상상력에 대해서는 말하지 않았다. 《안씨가훈》이나 《채근담》도 상상력을 가지라는 얘기는 하지 않았다. 자상하게 아들을 가르치려 했던 체스터필드도 언급하지 않았다. 그러나 아인슈타인Albert Einstein이 볼 때 상상력만큼 중요한 것은 없었다.

"상상은 지식보다 더 중요하다. 지식은 한정되어 있다. 그러나 상상은 세계를 에워싸고 있다."

아인슈타인은 또 이런 말도 했다.

"중요한 것은 항상 의문을 품고 있으라는 것이다."

마크 트웨인도 이렇게 말했다.

"이따금 너의 마음을 풀어놓고 자유롭게 마음의 춤을 추어보아라. 틀에서 벗어나라."

과학의 발달은 '왜?'에서 시작된다고 누군가가 말했다. 아동심리학자에 의하면, 호기심이 강렬한 어린이일수록 '왜'라는 질문을 부모에게 많이 한다. 그리고 그런 질문을 부모가 귀찮다고 여기면서 묵살할 때마다 어린이의 상상력과 창의력이 위축된다는 것이다. 옛 아버지들은 자식들의 '왜'라는 의문을 받아들이지 않았다. 물론 '왜'라고 부모에게 묻는 어린이들도 없었다. 이게 우리나라가 뒤질 수밖에 없었던 원인이다.

일과 놀이는
시간을 나누어서 하라

창의력을 재생산하는 데는 그만큼 긴 휴식이 필요하다

—

영어의 'education'을 우리는 '교육'이라고 말한다. 그리고 둘 다 같은 뜻으로 여긴다. 그러나 서양 사람들이 말하는 education의 원래의 뜻은 사람마다 속에 간직하고 있는 재능이며 잠재력을 끌어내서 키우는 것을 말한다. 책을 통해 지식을 가르치고 배우고 키운다는 뜻의 교육과는 엄청나게 다르다. 그래서 서양에서는 우리나라에서처럼 학력을 그리 중요하게 여기지 않는다. "Where did you learn(어디서 배웠느냐)?" 하고 물을 때의 'where'는 어느 학교가 아니라 어디라는 뜻이 담겨 있다. 그것은 학교일 수도 있고, 일터일 수도 있고, 자기 아버지나 어머니일 수도 있다.

우리가 잘못 생각하는 또 하나의 말이 recreation이다. 레크리에이션은 're'와 'creation'이 합쳐진 말이다. 곧 '창의력을 재생산한다'라는 강한 뜻이 담겨 있다. 그것을 우리는 단순한 기분풀이나 휴식을 위한 '놀이'라고 풀이한다. 그래서 서양에서는 휴가를 취한다면 짧으면 20일, 길면 40일이 된다. 우리처럼 3, 4일이 아니다. 창의력을 재생산하는 데는 그만큼 긴 휴식이 필요하다고 여기는 것이다.

동양의 옛사람들은 자손들에게 놀이에 대한 말은 입 밖에도 내지 않았다. 마냥 한때도 쉬지 않고 독서를 하고 학문의 길을 닦으라고만 일렀다. 여기서 한 가지 궁금해지는 것이 있다. 아침부터 저녁까지 하루 10시간 이상씩 책을 읽고 또 외우는 동안 한 번도 쉬지 않을 수 있을까? 또 쉰다면 어떻게 쉬어야 하는 것일까?

옛 젊은이들은 어렸을 때부터 과거에 급제하기 위해 필사적으로 노력해야 했을 것이다. 요즘 어린이들도 시험공부를 위해 아침부터 밤늦게까지 배우러 다닌다. 그래도 그들에게는 이따금씩 기분 전환을 할 수 있는 방법들이 있고, 또 숨을 돌릴 시간도 있다. 그들은 부모들의 눈을 피해가며 컴퓨터 게임도 할 수 있고, 간혹 월드컵 축구를 텔레비전으로 볼 수도 있다.

요즘 아이들처럼 기분풀이를 하고 숨을 돌릴 수 있는 수단이나 방법을 옛 어른들은 전혀 마련해주지 않았다. 옛 어른들은 자식이 공부해야 할 시간에 낮잠을 자거나 놀이를 한다는 것은 용서할 수 없는 죄악이라 여겼던 것이다. 그러나 그렇게 매일같이 종일토록 책상머리에 앉아 있어야 하는 지겨운 조건에서 과연 얼마나 능률이 오를 수 있었을까?

참으로 분별 있는 자는 놀이가 무엇인지를 알고 있다

—

여기에 비한다면 서양의 젊은이들은 여간 행복하지 않았다. 체스터 필드는 아들에게 공부도 열심히 하지만 놀기도 잘하라고 일렀다. 다만 노는 시간과 일하는 시간을 적절히 안배하는 것이 좋다고 다음과 같이 가르치고 있었다.

"일과 놀이는 시간을 나누어서 하는 게 좋다. 공부나 일, 지식인이나 명사와의 진지한 대화 같은 것은 오전 중에 하는 것이 좋겠다. 그러나 저녁 식사 때가 되면 마음을 푹 놓아도 된다. 어지간히 긴박한 일이 없는 한 좋아하는 것을 하면서 즐거운 시간을 보내는 것이 좋다. 마음이 맞는 친구와 카드놀이를 하는 것도 좋겠고, 절도 있는 상대라면 화기애애한 가운데 게임을 할 수도 있을 것이다.

연극을 본다거나 음악회에 가는 것도 좋겠다. 그리고 춤도 식사도 좋고, 즐거운 친구들과 잡담을 나누는 것도 좋다. 그러면 만족할 만한 밤을 지낼 수 있을 것이다. 물론 매력적인 여성에게 매료되어 깊은 한숨을 쉬거나 뜨거운 시선을 보내는 것도 좋다. 다만 상대가 너의 품위를 떨어뜨린다거나 너를 파멸시킬 그러한 인물이 아니기를 바랄 뿐이다. 상대방이 너에게 응하느냐 아니냐는 너의 수완에 달려 있다.

이러한 것들이 참으로 분별 있는 자, 참으로 놀이가 무엇인지를 알고 있는 자의 즐기는 방법이다. 이처럼 오전에는 공부, 저녁에는 놀이를 즐기면서 시간을 나누고, 놀이도 자기만의 것을 스스로 선택한다면 너도 훌륭한 사회인으로서 인정을 받게 될 것이다.

나도 젊었을 시절에는 잘 놀러 다녔으며, 여러 사람들과 자주 어울리기도 했다. 나만큼 그런 데에 시간과 정력을 쏟은 사람도 드물 것이다. 때로는 지나친 적도 있었다. 그래도 어떻게 해서든 공부를 하는 시간만은 확보했다. 정 그런 시간이 없을 때는 자는 시간을 줄였다. 그리고 간밤에 아무리 늦게 잠자리에 들어도 다음 날 아침에는 반드시 일찍 일어났다. 이것만은 철저히 지켜나갔다. 병으로 드러누웠을 때를 제외하고는 40년 이상이나 그 습관은 계속되고 있다.

자아, 이러면 내가 절대로 놀아서는 안 된다고 타이르는 고집불통의 아비가 아니라는 것을 너도 알았을 것이다. 나는 네가 나와 똑같은 생각을 가지라고 말하지는 않겠다. 어느 의미에서는 아비라기보다는 친구로서 충고를 한 셈이다."

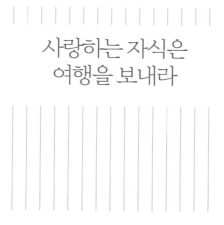

사랑하는 자식은 여행을 보내라

젊은이는 보면서도 보지 못하고 듣고도 듣지 못하는 경우가 많다
—

"집 안에 가만히 틀어박혀 있는 젊은이는 아낙군수의(좀스러운) 지혜밖에 갖지 못한다."

셰익스피어의 《베로나의 두 신사》에 나오는 말이다.

'사랑하는 자식은 여행 보내라'는 속담이 있다. 집을 떠나면 아무래도 여러 가지로 불편을 느끼게 된다. 하루 세끼 먹는 것도 뜻대로 되지 않을 수도 있다. 그래서 여행길에 내보내서 고생을 맛보게 하는 것이 매우 유익한 교육법으로 여겼다. 그래서 서양의 명문 집안의 아들들은 으레 여러 달에 걸쳐서 외국으로 여행을 했다. 체력을 단련시킨다는 목적도 있었지만, 그보다도 견문을 넓히기 위한 것이기도 했다.

체스터필드의 아들도 오랫동안 외국을 다니며 여행을 했다. 체스터필드는 여행 중의 아들에게 다음과 같은 편지를 써 보냈다.

"네가 이 편지를 받을 때쯤이면 아마도 베니스에서 로마로 가는 준비를 하고 있을 것이다. 로마까지는 아드리아 해를 끼고 리미니, 안코나, 로레토를 거쳐 가는 게 좋을 것이다. 어느 곳이든 들러볼 가치는 있다. 그러나 오래 머물러 있을 필요는 없다. 가서 보기만 해도 충분할 것이다.

그 지방에는 고대 로마의 유물이나 이름이 널리 알려진 건축물이나 조각들이 많이 있으며, 어느 것이나 놓치고 싶지 않다면 잘 봐두어라. 표면만 봐도 되느니만큼 그리 오래 걸리지는 않을 것이다. 그러나 속까지 봐야 한다면 얘기가 다르다. 좀 더 시간을 들여서 주의 깊게 관찰하는 것이 필요해진다.

젊은이는 경박해서 주의가 산만하고 모든 일에 무관심하기 쉽고 '보면서도 보지 못하고 듣고도 듣지 못하는' 경우가 많다고 흔히들 말한다. 겉만 보고 만다든가 주의 깊게 듣지 않는다면 차라리 보지 않고 듣지 않는 것만도 못하지 않겠느냐는 것이다.

그간 네가 보내온 여행담을 들어본즉, 너는 여행하는 곳들을 잘 관찰하고 여러 가지 의문도 품게 되었다니, 그것이야말로 여행의 참다운 목적이라고 할 수 있다.

여행을 할 때 그냥 목적지를 이리저리 거쳐 갈 뿐이며, 다음 목적지까지 얼마나 떨어져 있고 또 여관은 어딘가 하는 것에만 신경을 쓰는 사람이 있다. 이런 사람은 출발했을 때도 미련스럽지만, 돌아온 다음에도 여전히 어리석은 채로 있다. 가는 곳마다 교회의 높은 탑이나 시계, 그리고 호화 저택들을 보며 함성을 지를 정도라면 아무것도 얻는 것이 없다. 그 정도라면 아예 아무 데도 가지 않고 집에 있는 게 더 낫다.

한편 어디를 가나 그곳 땅의 형세며 다른 지방과의 관계, 무역, 특산물, 정치 형태, 제도들을 착실히 관찰하고 오는 사람이 있다. 그 고장의 훌륭한 사람들과 교유를 넓히고, 그 지방 사람들의 독특한 예의 작법이나 인간성을 알아내고 돌아오는 사람도 있다. 여행으로 무엇인가 얻고 돌아오는 것은 이런 사람들이다. 그리고 그런 사람들은 여행하기 전보다 더 현명해져서 돌아온다.

로마는 인간의 감정이 생생하게 여러 형태로 표현되고 있으며, 그것이 놀랍도록 예술로 결집되어 있는 도시이다. 그런 도시는 흔하지 않다. 너는 로마에 머물러 있는 동안은 바티칸 궁전이나 판테온만을 보고 만족해버리는 어리석음을 범하지 마라.

1분간 관광한다면 10일 동안 여러 가지로 정보를 수집해라. 로마제국의 본질, 교황의 권력의 성쇠, 궁정의 정책, 추기경의 책략, 교황선거회의의 뒷얘기 등 절대적인 권력을 누리던 로마제국의 내면적인 것이라면 무엇이든 들쑤셔볼 일이다.

어느 지방이나 그 지방의 역사며 현재의 상태에 대한 간략한 책자가 있다. 그것을 우선 읽도록 하라. 부족한 부분도 있겠지만 길잡이 정도는 된다. 그것을 읽고 더 자세히 알고 싶은 것이 있으면 그 지방의 사람들에게 물으면 된다.

그렇다. 모르는 점이 있으면 그것을 잘 아는 사려 깊은 사람에게 물어보는 것이 제일이다. 책은 아무리 자세히 설명하고 있다 해도 완벽한 정보를 제공해주지는 못한다. 그렇다고 해서 읽을 가치가 없다는 것은 아니다. 읽으면 모르는 것을 알게 되기 때문이다.

모르는 것이 분명해지면 단 한 시간이라도 좋으니 속사정에 밝은 사람에게 질문을 해보는 게 좋다. 만약에 군대에 대한 지식이 필요하다면 장교에게 물어보는 게 좋다. 누구든 자기 직업에 각별한 애정을 가지고 있느니만큼 자기 일에 대한 얘기를 하는 것을 싫어하지는 않을 것이다.

마찬가지로 해군에 대한 정보를 수집하는 것도 좋다. 지금까지 영국은 프랑스 해군과 늘 깊은 관계를 맺어왔다. 앞으로도 그럴 것이다. 알고 나면 손해 볼 것은 없다. 이렇게 해서 얻은 정보가 영국에 돌아왔을 때 얼마나 너를 뛰어나 보이게 만들며, 또 실제로 해외와 교섭을 할 때 얼마나 도움이 되는가를 생각해보아라.

이번에 하트 씨에게 받은 편지를 보면 너는 로마에 있는 동안 이탈리아 사람들의 사회에 융화되려고 노력하고 영국인들의 모임에는 끼어들지 않았다니, 참으로 왜 내가 너를 외국에 보냈는지를 잘 이해한 분별 있는 행동이었다. 그런 분별 있는 행동은 다른 나라에 가서도 계속하기를 바란다.

너는 프랑스에 있는 동안에는 프랑스인과 어울리는 것이 좋다. 늙은 신사는 좋은 본이 될 것이며, 젊은이와는 함께 놀아보는 것도 좋을 것이다."

성공은
99%의 노력과 1%의 영감이다

작은 악이라도 행하지 말고, 작은 선이라도 게을리하지 말라
—

에디슨은 유명해진 후, 강연해달라는 청탁을 많이 받았다. 그가 강연할 때마다 가장 자주 강조한 것은 노력하라는 것이다. 그런데 그의 말은 때에 따라 조금씩 달랐다. 어느 강연에서는 "대단히 노력한다는 것이 중요하며, 그 결과 영감이 떠오르고 큰 발명을 할 수 있게 된다"라고 말했다. 또 다른 강연에서는 "99%의 노력과 1%의 영감"이라고 말했다. 그게 좀 지나치다고 생각했는지, 그다음 번에 한 강연에서는 "90%의 노력과 10%의 영감"이라고 숫자를 고쳐서 말했다. 어느 말이 맞는지를 가리는 것은 전혀 문제가 되지 않는다. 분명한 것은 그가 노력을 성공의 가장 큰 요소라고 보았다는 사실이다.

박지원은 어느 고을의 군수로 있을 때 흙벽돌을 찍어내는 틀을 만들고, 그 테두리에 다음과 같은 글을 써넣고는 자식들에게 교훈으로 삼도록 했다.

"공자님 같은 성인도 비천한 일에 능하셨고, 도간陶侃처럼 근검한 사람도 벽돌을 나르며 자기 몸을 수고롭게 했다. 너희들은 매일 몇 개의 흙벽돌을 찍어내고 그것을 몸소 운반하여 햇볕에 말린 후 쌓아두도록 해라. 이 일은 첫째, 근육과 뼈를 튼튼하게 하고, 둘째, 집을 넓힐 수가 있다. 그러니 좋은 일이 아니겠느냐."

《삼국지》의 주역 가운데 한 사람인 유비가 죽음을 앞두고 제갈공명 편에 자기 아들에게 보낸 유서에서도 오직 노력이 있을 뿐이라고 일렀다.

"내 병은 처음에는 단순한 이질에 지나지 않았는데, 그 후 여병이 병발하여 회복의 가망이 없게 되었다.

인생이 50이 넘으면 단명이라고 할 수는 없다. 더욱이 나는 60고개를 넘었으니 여한이 있을 수 없다. 한 가지 마음에 걸리는 것은 너희 형제이다.

일전에 대장군참모인 사원射援이 문병 왔을 때 '아드님 선禪께서 재능, 인덕 모두 출중하시며 놀랍도록 훌륭하게 성장하고 계시다고 공명도 감탄하고 있습니다'라고 말했다. 여기 어긋남이 없다면 이제는 마음에 걸리는 것은 아무것도 없다. 중요한 것은 계속 노력하는 것이다. 모쪼록 노력을 게을리해서는 안 된다.

작은 악이라도 절대로 해서는 안 된다. 작은 선이라고 해서 게을리해서는 안 된다. 현과 덕 두 가지가 사람을 움직이는 것이다. 너의 아비는 덕이 부족했다. 그런 아비를 닮아서는 안 된다.

《한서》와 《예기》는 반드시 읽어야 한다. 또 틈틈이 《제자백가諸子百家》, 《육도六韜》, 《상군서商君書》를 펼쳐 보면서 옛사람들의 지혜를 배워라. 스스로 한층 더 노력해가며 향상하도록 하라."

진나라의 도간은 사후에 대사마에 오를 만큼 뛰어난 인물이었는데, 그가 광주자사로 있을 때 아침에 물 긷는 동이 100개를 집 밖으로 날랐다가 저녁에 도로 집 안으로 나르는 일과를 만들어서 지켰다. 사람들이 그 까닭을 묻자, 자기가 장차 중원에서 큰 힘을 써야 하기 때문에 나태함에 빠지지 않기 위해 스스로를 단련하는 것이라고 설명했다.

너무 노력했다고 후회한 사람은 아무도 없다
—

너무 노력했다고 후회한 사람은 아무도 없다. 체스터필드는 말한다.

"건강이란 네 나이 때는 아무것도 하지 않더라도 절제만 한다면 충분히 유지된다. 그러나 머리는 그렇지 않다. 네 나이 때는 특히 평소의 마음가짐이 중요하다. 지금의 이 몇 분을 얼마나 유효하게 쓰느냐에 앞으로의 너의 두뇌 활동이 달려 있는 것이다.

그뿐이 아니다. 두뇌를 늘 활발하고 건강한 상태로 지속하려면 상당한 훈련이 필요하다. 훈련된 두뇌와 그렇지 않은 두뇌를 비교해보아라. 그러면 너도 자기 머리를 훈련하기 위해서는 아무리 시간을 많이 쏟아붓고 아무리 노력해도 좋다고 생각하게 될 것이다.

하기야 때로는 훈련 같은 것을 하지 않는데도 재능이 타고난 천재가 나타나는 경우도 없지는 않다. 그러나 흔한 일은 아니다. 그리고 그런 천재라도 한층 더 훈련을 받는다면 더욱 위대해질 것은 뻔한 이치이다.

그러니까 지금 착실히 지식을 쌓아나가고, 여기에 쏟는 노력을 아끼지 마라. 그러지 못한다면 너는 출세는커녕 다소나마 볼품이 있는 인간이 되기도 어려울 것이다.

지금 네가 처한 처지를 생각해보아라. 너에게는 출세의 발판이 되는 지위도 재산도 없다. 나도 언제까지 너의 힘이 되어줄 수 있을지 알지 못한다. 아마 네가 사회인이 될 무렵에는 나는 은퇴했을 것이다.

그렇다면 너는 무엇에 의지할 것이냐? 네 힘밖에는 없지 않느냐? 그게 출세의 유일한 수단이 될 것이며, 또 그렇게 되어야만 한다. 물론 너에게 그런 힘이 있다는 것을 전제로 하는 말이다.

나는 곧잘 자신은 우수한 인간인데 억압당해왔다느니, 충분한 보답을 받지 못했다느니 하는 말을 듣기도 하고 읽기도 한다. 그러나 내가 아는 한 실제로 그런 일은 없었다. 틀림없다고 말해도 좋을 만큼 어떠한 역경에도 우수한 인간은 어느 정도 성공하기 마련인 것이다.

내가 여기서 '우수하다'고 말하는 것은 넓은 지식과 사물에 대한 식견이 있으며 태도가 훌륭한 사람을 가리킨다. 식견이 얼마나 중요한가는 새삼 말할 필요도 없을 것이다. 다만 한 가지 말해준다면 식견을 갖지 않은 인간은 외로운 인생을 걷게 된다는 것이다. 지식의 중요함에 대해서는 몇 번씩이나 말하지만, 무엇을 목표로 삼고 있든지 간에 확실하게 지식을 지니고 있어야만 한다.

태도는 방금 든 요소 중에서 가장 대단찮은 것인지도 모른다. 그러나 우수한 인간이 되려면 절대로 빠져서는 안 되는 요소이다. 태도 여하에 따라서 지식이며 견식이 빛나기도 하고 흐려지기도 한다. 또 득이 되기도 하고, 득이 안 되기도 한다. 그리고 사람들을 가장 끌어들이는 것도 유감스럽게도 지식이나 견식이 아니다. 태도이다."

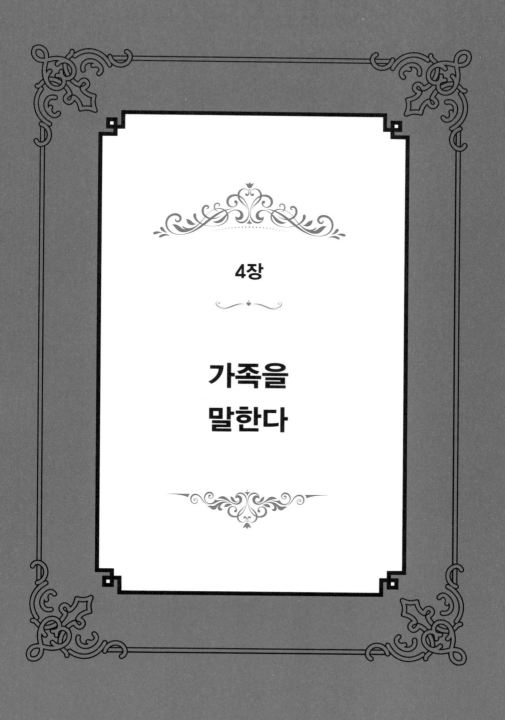

4장

가족을
말한다

부모의 은혜를
잊지 말라

새와 짐승은 성장해감에 따라 어미와 새끼를 분간하지 못한다

—

송나라의 원채袁采가 남긴 가훈집은 흔히 《원씨세범袁氏世範》
이라 하여, 《안씨가훈》과 나란히 중국의 대표적인 가훈집으로 여겨지
고 있다. 원채는 대단히 청렴하고 강직한 인물이었지만, 관직으로는
그다지 높은 자리에 오르지 못했다. 《원씨세범》은 부모의 은혜를 잊
지 말라는 것으로 시작한다.

"인간은 어린아이 때 부모를 가장 따른다. 부모도 자식이 어린아이
일 때 가장 애지중지 귀여워한다. 이는 혈육을 나눈 다음 그다지 시간
이 흐르지 않았을 뿐만 아니라, 어린애의 웃는 얼굴이며 앳된 말이 더
없이 사랑스럽기 때문이다. 조물주도 그런 관계를 자연의 이치로 여

기고, 그것이 언제까지나 생생하게 지속되기를 바랐다.

이런 관계는 새와 짐승에게도 해당된다. 새끼가 갓 태어났을 때는 젖을 먹이고 먹이를 주고 하면서 자상한 애정을 나타내고, 새끼가 다치는 것을 보면 위험을 무릅쓰고 지켜주려 한다.

그러나 인간은 자식이 성장해감에 따라 조금씩 부모와 자식 사이의 분간이 엄해지고 애정도 줄어든다. 그래도 부모는 자식을 아끼고, 자식은 부모에게 효를 다하려 한다. 새와 짐승은 성장해감에 따라 어미와 새끼의 분간조차 인식하지 않게 된다. 이것이 인간과 다른 점이다.

그러나 자식이 한평생을 두고 부모를 소중히 여기고 효를 다한다 해도 어릴 적에 자기를 애틋하게 키워준 은혜에 보답하기는 어렵다. 항차 효를 다하려 하지 않는 자식이라면 더할 나위가 없다. 그런 무리는 어렸을 때 얼마나 짙은 애정을 부모에게 받았는지 잘 생각해보아야 한다. 그러면 스스로 깨닫는 바가 있을 것이다.

그것은 만물을 키우는 천지의 도가 모든 인간에게 두루 미치는데, 인간은 그 은혜에 조금도 보답하지 않는 것 같다. 혹은 하늘을 향해 분향을 하고 기도를 하고 도사를 불러서 상제를 모시기만 하면, 그것으로 충분히 천지의 은혜에 보답하는 거라고 말하는 사람이 있을지도 모른다. 그러나 그런 것으로는 부모의 은혜에 만분의 일도 보답하지 못한다. 하물며 은혜에 보답하기커녕 천지를 원망하는 자가 있다면 전혀 말이 되지 않는다. 이는 모두 내 몸을 돌이켜보는 바가 모자라서 그런 것이다."

맹종은 어머니를 위해 한겨울 대밭에서 울며 죽순이 돋아나게 했다

—

　　　　　퇴계는 가훈집의 서문에서 이렇게 말했다.

"사람의 성품은 하늘에서 받은 것으로, 처음에는 선하지 않은 사람이 없다. 그러나 뭇사람들은 어리석고 물욕에 가려져서 자라면서 더욱 들뜨고 방탕해진다. 이에 사람살이의 벼리가 무너지거나, 어버이 섬기는 도를 업신여기고 나라에 충성하는 의리를 잃는다. 그러면서도 사람이 입는 옷을 입고, 사람이 쓰는 관을 쓰며, 사람이 먹는 음식을 먹고, 사람이 사는 곳에 살고 있으니, 비록 사람이라 부르기는 하나 짐승과 다를 바 없다.

　내 여기에 72항목에 걸쳐서 후손들을 가르치려고 하니 아이들아, 경건하게 이 책을 받아 가르침을 어기지 말도록 하라."

　퇴계의 가르침에 의하면 효자의 일과는 다음과 같아야 한다.

"새벽닭이 울자마자 일어나서 세수와 머리 빗질부터 하고 어버이에게 문안 인사를 드려야 한다. 저녁에는 이부자리를 보아드리고, 아침 일찍 밤새의 날씨를 살피고, 겨울에는 방 안을 따스하게, 여름에는 시원하게 하고, 여쭙는 말소리는 나직이 온화하게 하여야 한다.

　증자는 아버지의 뜻을 살펴가며 기쁘게 해드렸으며, 자로子路는 어버이를 위해 백 리 밖에까지 나가서 쌀을 구해 등으로 져 날랐고, 왕상王祥은 엄동설한에 얼음을 깨서 잉어를 잡아 계모의 입맛을 돋아드렸으며, 맹종孟宗은 죽순을 좋아하는 어머니를 위해 한겨울 대밭에서 울며 죽순이 돋아나게 했으며, 검루黔婁는 병든 아버지의 병세를 살펴기 위해 아버지의 배설물을 맛보았으며, 황향黃香은 여름에 아버지의 베개 맡에서 부채질을 하며 더위를 몰아냈으며, 겨울에는 자기 체온으로 아버지의 잠자리를 데워드렸고, 노래자老萊子는 나이 70이 된 다음에도 어버이를 즐겁게 해드리려고 때때옷을 입고 어리광을 부렸으며, 육적陸續은 60에 남의 집에서 보내준 귤을 품속에 품어서 어머니에게 드렸다.

외출할 때는 반드시 나간다고 어버이에게 알려드리고, 돌아와서는 또 어른을 뵙고 '돌아왔습니다'라고 아뢰어야 한다. 아침에 나가서 해가 떨어진 다음에 돌아오면 어버이에게 근심을 끼쳐드리게 되는 것이다. 놀러 나갈 때는 반드시 어디에 간다고 알려드려야 한다. 먼 곳으로 놀이를 가서 어버이에게 걱정을 끼쳐서는 안 된다.

어버이가 마시지 않으면 자기도 마시지 말고, 어버이가 드시지 않는다면 자기도 먹지 말아야 한다. 어버이가 드신다면 얼마나 즐기시는가를 살피고, 어버이가 남겨주신다면 그 음식을 내버리지 말고, 반드시 어른이 드신 다음에 먹어야 한다.

어버이가 병환이 나셨을 때는 자기가 앓는 것처럼 고통스러워하고, 병석에서 떠나지 말고 약시중도 해야 한다. 어버이가 편찮으신 동안에는 고기를 먹지 말고, 행동 하나하나에 근심의 빛이 보이도록 해야 한다. 의원도 3대에 걸친 의원에게서 처방해준 약이 아니면 쓰지 않아야 한다."

퇴계는 자기 아버지에 대한 지극한 효심은 다른 어른들에게도 미쳐야 한다고 가르치고 있다.

"나이가 나의 배가 되거든 아버지처럼 섬기고, 10년이 위거든 형처럼 섬기고, 5, 6년이 위거든 어깨를 나란히 하여 따르고, 나이가 거의 같거든 벗으로 삼아라.

어른이 집에 찾아오시거든 반가이 마당으로 내려가 맞이하여 공손히 절하고, 방 안으로 모시고 좋은 자리를 살펴 정하여 앉으시도록 권하라. 길에서 어른을 만나거든 두 손을 포개어 잡은 자세로 인사를 드리되 맞대어 절할 필요는 없고, 그동안 평온하셨는지 문안을 드려야 한다."

남송 시대의 대표적인 시인인 육유가 남긴 가훈집을 《방옹가훈》이라고 한다. 그 속에도 비슷한 얘기가 나온다.

"너희들이 아는 사람 가운데는 나와 나이가 비슷한 사람도 있을 것이다. 물론 제각기 지위도 다르고 교제의 농도도 다르다. 그러나 그런 사람들을 만났을 때는 되도록 겸허한 태도로 임하는 게 좋다. 설사 이쪽이 그들보다 높은 지위에 올라 있다 해도 되도록 상대방을 상좌에 앉히는 게 좋다. 그게 어렵다면 처음부터 얼굴을 마주하지 않고 피하는 것이 좋다. 내가 젊었을 때, 미처 제 구실도 다하지 못하는 주제에 아버지 친구와 자리를 같이하고 입을 크게 벌리고 껄껄대며 함부로 말하는 젊은이를 보고 여간 불쾌하지가 않았다. 너희들은 절대로 그런 버릇없는 짓은 하지 말라."

공자는 높은 공직에 있을 때 공식 석상이 아닌 사사로운 자리에서는 으레 연장자를 상좌에 앉히고 자기는 그 아래 앉았다. 가족 모임에서도 마찬가지였다고 한다.

군자는 자식을
직접 가르치지 않는다

자식을 마음속으로 사랑하고, 밖으로는 엄하게 대해야 한다

—

박지원이 어느 친구 집에 갔을 때였다. 마침 친구가 어린 자식과 밥상을 같이하여 식사를 하고 있었다. 그것을 보고 박지원이 충고했다.

"군자란 손자는 안아주지만 자식은 안아주지 않는 법일세."

이 말을 듣고 친구는 식사를 중단하고 자기가 잘못했다고 사죄했다.

옛날에는 아버지와 아들은 늘 사이를 두고 있었다. 아들을 가르치는 것도 아버지가 직접 하지 않았다. 《안씨가훈》에서는 그 까닭을 다음과 같이 설명하고 있다.

"북제北齊 무성武成 황제의 아들은 태어났을 때부터 대단히 영악했다. 그래서 황제나 황후나 그를 끔찍이 사랑했다. 이윽고 그가 황태자의 자리에 오르자 더욱 애지중지했다. 그러자 황태자는 이를 데 없이 방자해지고 멋대로 굴기 시작했다. 나중에는 황제와 똑같은 대접을 받기를 원하고, 심지어는 아버지인 황제를 거침없이 비판하기에 이르렀다. 이처럼 부자의 관계는 너무 정에 흘러서는 안 되는 것이다.

예부터 선비 이상의 사람은 부자가 각방을 써야 한다고 일컬어져온 것은 부자지간에 엄격한 사이를 두기 위해서이다. 언젠가 진항陳亢이라는 사람이 '군자란 제 자식을 가르치는 게 아니라는 얘기를 듣고 기뻐했다는데 까닭이 무엇입니까?'라고 내게 물었다. 그때 나는 이렇게 대답했다.

'군자는 자기 자식을 직접 가르치지 않는다. 왜냐하면 가령 《시경》에는 남녀의 불륜을 풍자하는 말이 있고, 《예기》에는 남녀관계에서 공연한 혐의를 받지 않도록 주의를 주는 대목이 나온다. 또 《서경》에는 사람의 도리에 벗어나는 일이 적혀 있으며, 《역경》에는 남녀의 은밀한 관계를 언급하는 대목이 있다. 이런 것들은 모두 아버지와 아들 사이에서 말을 주고받기가 거북하다. 그래서 아버지가 직접 아들을 가르치지 않는 것이다.'"

어느 날 한 여인이 어린 아들을 데리고 그리스의 철학자 디오게네스Diogenes를 찾아왔다. 그녀는 행동이 거칠고 버르장머리가 없는 이 아이를 어떻게 가르치면 좋겠느냐고 물었다. 디오게네스는 대답 대신 어머니의 얼굴을 후려쳤다. 엄하게 매로 버릇을 고치라는 것이었다.

퇴계도 자식 교육은 엄하게 해야 한다면서 이렇게 말했다.

"아비와 아들의 사이는 사랑하기 때문에 정에 빠지기 쉽다. 따라서 비록 마음속으로는 사랑하고 귀엽게 여기지만 밖으로는 엄하게 대해야 한다. 회초리로 때리면서라도 우선 효도의 올바른 자세를 가르쳐라. 어릴 때 버릇없는 행실을 못하게 하지 않으면, 자라서 아비에게 욕이 돌아가게 된다."

서양에서는 아들에게만이 아니라 손자에게도 엄했다. 여기에는 신분의 높고 낮음도 없었다. 영국의 빅토리아Victoria 여왕의 손자인 왕자 한 명이 여행 중에 '용돈이 떨어졌으니 돈 좀 보내주십시오'라는 편지를 여왕에게 보냈다. 여왕은 '돈을 함부로 쓰는 생활 자세를 고치고, 어떻게 하면 돈을 모을 수 있는가를 생각하라'라는 내용으로 장문의 답장을 보냈다. 그리고 돈은 한 푼도 보내지 않았다. 얼마 후에 왕자로부터 답장이 왔다.

"할머니 가르침 대단히 고맙습니다. 할머니의 말씀을 따라 그 편지를 팔아서 25파운드를 벌었습니다."

또 엘리자베스Elisabeth 여왕 시절 다른 손자가 역시 유럽 여행 중에 좋은 말을 발견해서 그 말을 사는 데 돈을 다 쓰는 바람에 영국에 돌아올 수가 없다며, 여왕에게 송금을 부탁하는 편지를 보냈다. 할머니는 즉시 답장을 보냈는데 거기에는 짤막하게 다음과 같이 적혀 있었다.

"네가 산 말을 타고 바다를 건너서 오려무나."

지나친 사랑도, 지나치게 엄한 것도 둘 다 자식에게 해롭다

—

"귀여운 아이에게는 매질을 많이 하고, 미운 아이에게는 밥을 많이 주어라"라고 《명심보감》에도 적혀 있다. 그러나 지나치게 엄하게 다루면 오히려 성장에 방해가 된다.

제2차 세계대전이 끝났을 때 독일에는 전쟁고아가 많았다. 이들은 고아원에서 자라게 되었는데, 그 고아원에서는 아이들을 두 그룹으로 나누어 길렀다. 한 그룹에서는 어린이들을 부드럽게 다루면서 키웠다. 또 다른 그룹에서는 매우 엄하게 키웠다. 그 후 부드럽게 키워진 고아들은 순조롭게 성장했다. 그러나 엄하게 키워진 어린이들은 성장이 좋지 않았다. 의사가 이유를 조사해본즉, 엄하게 다루어진 어린이들은 호르몬 분비가 적었다는 것을 밝혀냈다. 엄한 것도 좋지만 지나치게 엄격하게 키우면 성장호르몬의 분비가 나빠지고 성장이 올바르지 못하게 되는 것이다. 귀엽다 하여 너무 정에 흘러 키우는 것도 좋지 않지만, 지나치게 엄한 것도 어린이를 건전하게 키우는 데 해롭다.

여러 해 전에 위스콘신 대학에 재능이 뛰어난 문학도들이 있었다. 그들은 서로의 시나 소설, 평론 들을 같이 낭독하고 작품 비평을 하기 위해 정기적으로 모였다. 그들은 무자비하게 상대방의 작품을 헐뜯고 가차 없이 결점을 비판했다. 서로의 문학적 재능을 연마하는 데 도움이 된다고 믿기 때문이었다. 그들은 스스로를 '교살자들stranglers'이라고 불렀다.

여기에 맞서서 여학생들이 꾸민 서클이 있었다. 그녀들은 스스로를

'논쟁자들wranglers'이라고 불렀다. 이들도 주기적으로 모여서 서로의 작품을 낭독했다. 그러나 남학생들과는 크게 달랐다. 서로의 작품을 비평하기는 했지만, 대단히 부드럽고 한결 더 긍정적이며 고무적으로 대했던 것이다. 때로는 비판보다는 칭찬에 가까웠다.

그로부터 20년이 지났다. '교살자들'에 속했던 우수한 남학생들 중에서는 문학적 업적을 남긴 사람이 단 한 명도 없었다. 한편 '논쟁자들'의 여학생들에서는 6명이나 큰 문학적 업적을 남겼다. 교살자들은 문자 그대로 서로의 문학적 재능을 질식시켰다. 논쟁자들은 서로의 재능을 키워주었다.

《원씨가훈》에는 이런 말도 나온다.

"자식이 갓난아이일 때는 아무리 울어도 마냥 귀여워서 '오냐오냐' 하고 무조건 응석을 받아준다. 까닭 없이 울어도 울지 못하게 하기는커녕 오히려 보모를 야단친다. 놀이 친구를 아프게 밟아도 자기 어린 애를 나무라기는커녕 오히려 상대방이 잘못했기 때문이라고 여긴다. 그것을 곁에서 나무라면 '아직 어리니까'라며 어린애를 두둔한다. 이런 것이 거듭되면 어린애는 차츰 나쁜 버릇이 몸에 밴다. 이것은 부모의 어긋난 애정이 초래한 잘못이다.

그런 어린애도 성장함에 따라 부모의 애정이 엷어지면서 이번에는 사소한 잘못이라도 있으면 당장 화를 내고, 그 작은 잘못이 대단히 큰 잘못인 양 단죄한다. 그러고는 친한 친구라도 만나면 기다렸다는 듯이 자식의 있는 흉 없는 흉 할 것 없이 털어놓고 '저 불효자식이' 하고 비난을 퍼붓는다. 실제로 어린애는 그런 소리를 들을 만큼 나쁜 짓을 저지르지도 않았는데 말이다. 이것은 오로지 부모의 미운 감정에서 나온 잘못이다.

이와 같은 애정과 증오의 엇갈림은 아버지보다 어머니 쪽에 더 많다. 그런데 아버지 쪽은 사정을 제대로 파악하지도 않은 채로 어머니 말을 따르니 문제는 언제까지나 풀리지 않는다. 그래서 아버지는 그간의 사정을 잘 파악한 다음, 자식이 어릴 때는 엄하게 대하고, 자란 다음에는 종전대로의 애정을 쏟는 것이 중요하다."

아동심리학자 하임 지노트Haim Ginott는 이렇게 가르친다. "좋은 부모는 자식들을 사랑해야 한다. 그러나 자식들이 24시간 내내 부모를 좋아하기를 바라서는 안 된다." 이것은 자식들이 싫어하는 줄 알면서도 엄해야 할 때는 엄하게 대해야 한다는 것이다. 흔히 아버지가 "너는 아버지가 더 좋으니, 어머니가 더 좋으니?" 하고 물어서 아이들을 난처하게 만들 때가 있다. 그러나 부모의 사랑은 인기투표가 아니다.

아버지들은 특히 아들에게 애정을 표시하는 데 매우 인색하다
—

헨리 폰다Henry Fonda는 원래 연극배우였다. 폰다의 아버지는 처음부터 아들이 배우가 되는 것을 반대했다. 그런 아버지가 마지못하는 척하면서 아들의 데뷔 공연을 가족과 함께 관람했다. 공연은 대성공이었다.

공연이 끝나서 집에 돌아오자 폰다의 어머니와 여동생들은 폰다의 연기가 대단히 좋았다고 격찬했다. 그러나 아버지는 신문에 얼굴을 파묻은 채 한 마디 말도 없었다. 그러다 한 여동생이 이런저런 말끝에 오빠의 연기를 몇 마디 비평했다. 그러자 그동안 딴청만 피우던 아버지가 신문을 내려놓고는 일갈했다.

"입 좀 닥쳐라. 그는 완전무결했다."

이런 것이 아버지인가 보다. 아버지들은 특히 아들에게 애정을 표시하는 데 매우 인색하다. 어색해하고 쑥스러워하기도 한다. 그래서 애써 무뚝뚝한 표정을 짓는가 보다.

데이비스 러브Davis Love는 미국의 프로선수권대회에서 13번이나 우승한 골프 선수이다. 그는 자신이 어렸을 때 아버지가 어떻게 거짓말을 하지 말라는 교훈을 주었는가를 다음과 같이 술회했다.

"내가 12세 때였다. 온 가족이 저녁을 먹고 있는데, 아버지가 내게 물었다. '학교를 파한 다음에 골프를 어떻게 쳤니?'

'오늘은 36타를 쳤어요.'

이 말을 듣자 아버지는 의아스러운 표정으로 나를 쳐다보더니 '36 타라고? 이븐파를 했다고? 참으로 대단하구나. 네가 지금까지 9홀을 이븐파로 돈 적이 없지 않니?'라고 물었다.

사실 나는 8홀을 36타로 돈 것이었다. 내가 친 골프장의 8번 홀은 우리 집에서 가까웠고, 9번 홀까지 돌고 나서 집으로 가기가 귀찮아서, 그냥 9번 홀을 빠뜨리고 8번 홀에서 곧바로 집으로 돌아온 것이었다.

'네가 36타로 돈 적은 오늘이 처음이 아니냐?'

나는 아버지가 다시 묻는 말에는 대답하지 않았다. 거짓말을 한 나 자신이 부끄러웠던 것이다.

다음 날 아버지는 골프장에서(아버지는 그 골프장에서 프로 골퍼로 일하고 있었다) 사람들에게 내가 난생처음으로 9홀을 36타로 돌았다고 자랑하기 시작했다. 나는 부끄러워서 도저히 그 자리에 머물러 있을 수가 없었다.

아버지는 내 실력으로는 도저히 9홀을 36타로 돌지 못한다는 것을 너무나도 잘 알고 있었다. 물론 내가 거짓말을 했다는 것도 알고 있었다. 만약 내가 정말로 9홀을 36타로 돌았다면 나는 기쁜 나머지 헐떡거리면서 당장 집으로 달려와서 아버지에게 자랑했을 것이다. 그런 줄 빤히 알면서도 내가 36타로 돌았다고 자랑한 아버지의 마음이 어땠겠는지를 시간이 갈수록 뼈저리게 느끼게 되었다.

다른 아버지였다면 그런 때 아들에게 다르게 대했을 것이다.

'네가 정말로 36타로 돌았다는 거냐? 거짓말 작작 해라.' 아마도 이렇게 아들을 비웃고 아들을 거짓말쟁이로 만들었을 것이다.

나는 그때 아버지께 받은 교훈 덕분에, 절대로 속임수를 쓰거나 거짓말을 하지 않게 되었다."

가족끼리는
화하고 또 화하라

가족 간에 화가 있으면 존속하고, 화가 없으면 망한다
—

다산이 무엇보다도 강조한 것은 집안의 화목이었다.

"사람이 집안에서 힘써야 할 일은 화기가 있도록 하는 일이다. 종족宗族이 자리를 같이한다거나 가끔 친한 손님이 찾아오면 기쁜 마음으로 맞아 대접하고, 하룻밤이라도 더 주무시고 가게 하며, 마음을 편안하게 해드리고, 단정하게 무릎을 꿇고 앉아 안부를 살펴야 한다. 말도 하지 않고 웃지도 않고 무뚝뚝하게 대하여 손님이 일어나 가겠다고 하면 그냥 가도록 만류도 하지 않고 보내면서 뜰아래까지 나가 전송도 않는다면, 여러 사람이 상대해주지도 않을 뿐만 아니라 필경 평생의 복을 털어버리는 일이 될 것이니 마땅히 깊이 살피도록 하라."

향랑向朗은 공명과 친교가 두터웠지만 마속馬謖과도 가까웠다. 그런 마속이 북벌 중에 대패하자 도망치려 했다. 향랑은 그것을 알면서도 공명에게 보고하지 않았다. 이 때문에 면직된 다음, 고향에 돌아가서 여생을 학문에만 몰두했다. 그런 그가 아들에게 다음과 같은 유훈을 남겼다.

"《좌전》에 이런 말이 나온다. '승리를 결정하는 것은 조직의 화和이지, 병력의 과다가 아니다.' 천지에 화가 있으므로 비로소 만물이 자라나고, 군신 사이에 화가 있어야 비로소 나라의 정치가 잘 이루어지고, 친족에 화가 있어야 비로소 일족의 발전과 안녕이 보장되는 것이다. 그래서 성인은 화를 소중히 여겼다. 화가 있으면 존속하고, 화가 없으면 망하는 것이다.

나는 초나라 사람으로 보잘것없는 인간에 지나지 않는다. 더욱이 조실부모하고 형님들 밑에서 자랐지만 지위며 이익에 눈이 어두워지고 자기를 잃은 적은 없었다. 지금은 비록 가난하게 살고는 있지만 그렇다고 해서 서글퍼하지는 않는다. 무엇보다도 중요한 것은 화이다. 너도 이를 명심해두어라."

높은 산은 우러러보고, 훌륭한 행위는 본받아라
—

도연명에게는 배다른 아들이 다섯이나 있었다. 그러나 한결같이 출중하지 못했다. 그의 '자식을 책한다'라는 시에도 이렇게 노래

하고 있다.

"머리가 흰머리로 뒤덮이고 살결은 윤기를 잃고 쭈글쭈글해졌다. 아들이 다섯이나 있는데 모두가 한결같이 공부를 싫어한다. 큰아들은 16세나 되었는데도 천하의 게으름쟁이, 둘째 놈은 15세가 다 되어가는데도 문장이며 학문을 좋아하지 않는다. 셋째 놈과 넷째 놈은 둘 다 13세가 되는데 아직도 여섯과 일곱의 구별조차 하지 못한다. 막내 놈도 곧 아홉 살 되는데도 배를 달라 밤을 달라 졸라대기만 한다. 이런 것도 내 팔자라면 잠시만이라도 술을 마시며 마음을 달래보자꾸나."

이런 아들들에게 무슨 말을 남길 수가 있을까? 그는 죽음을 앞두고 다음과 같은 유훈을 남겼다.

"살아가노라면 반드시 끝이 있는 법이다. 이것이 인생의 운명이다. 옛적부터 어떤 성현이라도 이런 운명을 벗어나지는 못했다.

공자의 제자인 자하도 '장수할 수 있는지, 부귀를 얻을 수 있는지 하는 것은 모두 하늘의 뜻에 따라 결정된다'라고 말했다. 공자에게 친히 가르침을 받은 사람이 이런 말을 하는 것은 무슨 뜻이겠느냐? 그것은 바로 운명이라는 것은 아무리 아등바등한다고 해서 바뀌는 것이 아니고, 장수 또한 인력으로는 어쩔 수 없다는 것이다.

나도 이제 50이 지났지만 젊었을 때부터 고생스럽게 살아왔으며 살기 위해 어쩔 수없이 여기저기 떠돌아다니면서 일자리를 구했다. 그러나 워낙 고집이 세고 재능도 부족했기 때문에 주위 사람들과 잘 어울리지 못하고 내가 하고 싶은 대로 하면 꼭 마찰을 일으키곤 했다.

그렇다고 해서 알량한 벼슬자리라도 내놓으면 어린 너희를 굶주림과 추위에 떨게 만들게 된다.

옛날에 유중儒仲이라는 사람은 아내의 말에 힘입어 은자의 길을 관철했다고 한다. 나도 그 얘기에 감동을 받아서 누더기 옷을 걸쳐 입는 상황에 만족하고 있다. 그렇다고 자식들에게 미안해하지는 않는다. 이렇게 말은 하지만 내 이웃에 양중羊仲과 구중求仲 같은 두 도사道士가 사는 것도 아니며, 집 안에 노래자의 아내와 같은 현처가 있는 것도 아니다. 이렇게 생각하면 역시 좀 서운한 생각도 들고 일이 손에 잘 잡히지 않을 때도 있다.

나는 소년 시절부터 독서를 좋아하고 조용한 환경을 사랑했다. 책을 읽다가 무엇인가 얻는 바가 있으면 기뻐서 밥 먹는 것도 잊을 정도였으며, 시간의 흐름과 함께 나무 그늘이 달라지는 것을 바라보거나 새들의 여러 가지 울음소리를 듣기만 해도 마음이 기뻐지기도 했다. 그래서 곧잘 '이른 여름에 북쪽 창가에 누워 있는데 시원한 바람이 불어온다. 그런 때는 태고의 소박한 생활로 돌아간 듯한 기분이 난다'라고 말하기도 했다.

그러나 생각도 얄팍하고 지식도 부족한 채로 세월만이 덧없이 흘러가 버리고 있다. 옛일을 생각해내려 해도 이제는 기억도 분명치 않다. 특히 큰 병을 앓은 다음부터는 한층 더 노쇠해졌다. 다행히도 친척이며 지인들의 따뜻한 배려로 약으로 연명하고 있기는 하지만, 하늘로부터 받은 수명도 이제 다해가는 것 같은 생각이 든다.

이쯤 되어보니 무엇보다도 마음에 걸리는 것은 너희이다. 아직 어린 데다 집안도 가난해서 집안 살림에 매달리는 신세이다. 언제나 너희가 그런 신세에서 해방될 수 있겠는가? 말로는 하지 않지만 생각할수록 마음이 아프다.

너희 형제는 모두 어머니가 다르다. 그러나 세상 사람들은 모두가 형제라고도 말하지 않더냐. 옛날 관중과 포숙은 같이 장사를 했는데, 이익을 나눌 때 관중이 더 많이 가져도 포숙은 싫은 소리 하나 하지 않았다. 귀생歸生과 오거伍擧는 그 후의 운명이 크게 달라졌지만 고생했을 때의 우정은 조금도 변함이 없었다. 이들은 모두 실패며 역경을 이겨내고 힘을 합쳐서 성공의 길을 간 사람들이다. 남남끼리도 그렇다. 하물며 너희는 어머니는 다르다 해도 같은 아비의 형제들이 아니냐.

한원장韓元長은 한나라 말기의 명사이다. 자기는 재상 자리에까지 오르고 80세에 죽었는데, 형제들이 모두 한집에서 살고, 살아 있는 동안 의좋게 지냈다. 또 진나라의 범치춘氾稚春은 훌륭한 인품으로 세상에 알려졌으며, 7대에 걸쳐서 재산을 공유했지만 가족 중 어느 한 사람도 불만스러워하지 않았다고 한다.

시에도 '높은 산은 우러러보라, 훌륭한 행위는 본받아라'라는 게 있다. 너희들도 그분들을 잘 본받기를 바란다. 그렇게만 해준다면 나는 더 이상 바랄 게 없다."

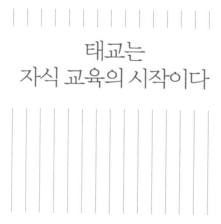

태교는
자식 교육의 시작이다

어린애가 3, 4세가 되면 바로 버릇을 바로잡는 교육을 실시한다

—

《안씨가훈》에서는 이렇게 자식 교육을 단계별로 가르치고 있다.

"훌륭한 사람은 새삼스레 교육을 받지 않아도 훌륭한 사회인이 될 수 있다. 그러나 못된 인간은 아무리 교육해도 소용이 없다. 한편 보통 인간은 교육하지 않으면 어엿한 사회인이 될 수가 없다.

옛날 성왕聖王의 시대에는 태교라는 것이 있었다. 곧 왕비는 임신하여 3개월이 되면 별궁에 옮겨 살면서 못된 것은 보지도 않고 듣지도 않도록 하였으며, 음악이며 식사도 예절을 지키며 알맞게 하도록 했다. 그리고 이런 예법은 옥판에 새겨진 다음에 금상자 속에 보관되어 있었다고 한다. 더욱이 왕자가 태어나서 3개월이 되면 사부로 하여금 효, 인, 예, 의 등의 도를 가르치게 했다.

어린애가 태어나서 돌을 맞게 되면, 새 옷을 만들고 목욕을 시킨 다음에 때때옷을 입힌다. 사내아이라면 활과 붓, 종이 등을 상 위에 놓고, 계집아이라면 가위와 자와 실, 바늘을 놓고 관찰한다. 여기에 어린애가 좋아할 만한 음식과 보물들, 장난감들을 아이의 눈앞에 올려놓고 어린애가 무엇을 잡느냐에 따라 그 아이가 욕심쟁이인지 아닌지를 시험해본다. 이것을 '시아試兒의 관습'이라고 한다.

어린애가 주위 사람들의 안색이며 감정을 식별할 수 있는 3, 4세가 되면 바로 버릇을 바로잡는 교육을 실시한다. 그리고 해야 할 것과 해서는 안 될 것을 가릴 수 있게 해야 한다. 그런데 일반 가정에서는 자식이 제멋대로 굴어도 야단을 치기는커녕 마냥 귀여워하기만 하여 버릇없이 자라게 내버려 두고, 단단히 주의를 주어야 할 때 거꾸로 귀여운 어리광이라고 눈감아버린다. 그래서 어린애는 웬만한 잘못을 저질러도 괜찮겠거니 하고 부모를 넘보게 된다.

그러다 도가 지나치게 되면 그제야 어린애를 누르고 바로잡으려 하지만, 어린애는 부모를 만만히 보고, 아무리 매질을 하며 혼내려 해도 오히려 아이의 반감만 사게 된다. 그렇게 해서 방자하게 자란 어린애가 커서 올바른 인간이 될 턱이 없다. 공자도 말했다. '젊었을 때 몸에 밴 것은 천성과 같아지고, 습관에 의해 몸에 밴 것은 자연과 같은 것이다'라고. 속담에도 '며느리를 교육하려면 시집왔을 때부터, 어린애의 버릇을 잡으려면 어렸을 때부터'라는 게 있다.

부모가 어린애의 버릇을 바로잡지 못하는 것은 어린애가 나쁜 길에 들어서길 바라서가 아니다. 그저 어린애를 잘못 야단쳐서 비위를 건드리면 안 되겠다, 회초리질을 잘못하다 상처라도 입히게 되면 안 되겠다고 생각할 뿐이다.

가령 병을 고치려면 약이나 침을 써야 한다. 어린애의 버릇 고치기도 이와 마찬가지이다. 부모로서 차마 자식에게 고통을 주는 일은 하고 싶지 않을 것이다. 그러나 버릇을 잡기 위해서는 회초리질도 필요할 때가 있다. 양나라의 대사마를 지낸 왕승변王僧弁의 어머니는 대단히 엄격한 분이었다. 아들이 병사 3천 명을 이끄는 장군이며 이미 40이 넘었는데도, 조금이라도 마음에 들지 않는 일이 있으면 가차 없이 회초리로 때렸다. 그 덕분에 그는 큰 공을 세울 수 있었다.

역시 양나라 때 얘기지만 대단히 머리가 좋은 학사가 있었다. 그 아버지는 그런 자식이 자랑스러운 나머지, 자식이 무엇이라도 신통한 말을 한마디 하면 동네방네 자랑하고 다녔다. 또 무엇인가 잘못된 일을 저지르면 이번에는 '잘못을 곧 스스로 깨닫게 될 것이다'라면서 본체만체하고 넘어갔다. 그 결과 아들은 날로 오만해지고 끝내는 말실수로 어느 무법자의 노여움을 사서 칼에 찔려 죽었다."

아버지가 편애를 하면 자식들은 골육상쟁을 벌인다
—

역시 《안씨가훈》에 나오는 말인데, 다음과 같이 아버지가 자식들에게 애정을 잘못 쏟지 말라고 타이르고 있다.

"부모가 자식에게 쏟는 애정은 아무래도 한쪽으로 치우치게 된다. 이 때문에 생기는 폐해는 예부터 오늘에 이르기까지 대단히 많다.

머리가 좋고 착한 아이를 귀여워하는 것은 좋지만, 동시에 머리가 좋지 못하고 착하지 않은 아이에게도 정을 주어야 한다. 애정이 어느 아이에게 치우치면 거꾸로 애정을 받지 못한 아이를 불행하게 만든다.

공숙단公叔段이 살해된 것은 어머니의 편애가 원인이었으며, 한나라의 조왕趙王이 살해된 것은 아버지 유방의 편애가 원인이었다. 또 삼국 시대에 유표劉表가 일족을 말살당하고, 원소袁紹의 가문 자체가 멸망한 것은 모두 아버지의 편애로 자식들이 골육상쟁을 했기 때문이었다. 이런 잘못을 행여나 저질러서는 안 된다.

누군가가 나에게 이렇게 말한 적이 있다. '저에게 사내아이가 하나 있어 방금 17세가 되는데, 편지를 쓰게 하면 그야말로 달필로 유창한 글을 씁니다. 그래서 선비어鮮卑語와 거문고를 배우게 했더니 여간 훌륭하지 않았습니다. 그가 나중에 나라의 높은 어른을 모시게 된다면 대단한 출세를 할 수 있겠지요.'

나는 잠자코 듣기만 했는데, 그 사람이 아들에게 가르치는 것은 전혀 납득이 가지 않는다. 설사 그런 것들을 배워서 그가 대신이 된다 해도 너희가 그를 본뜨는 것을 나는 원하지 않는다."

그렇게 하나에도 입신출세요, 둘에도 입신출세로 오로지 입신출세를 위한 교육으로 키운다면 그런 자식이 나중에 어떻게 되겠느냐, 설

사 그런 교육을 받고 자란 사람이 온전한 사람이 될 수 있겠느냐는 것
이다.

조조가 자식들에게 남긴 글에 이런 말이 있다.

"이제부터 수춘壽春, 한중漢中, 장안長安의 세 곳에 각기 세 아들을
보내어 감독을 맡기려고 생각하고 있다. 나는 효심이 두텁고 내 명령
을 어기지 않는 자를 고르고 싶지만 아직은 누구를 쓸지 결정하지 못
하고 있다. 너희는 어렸을 때부터 골고루 애정을 받아왔다. 그런 너희
가 성장한 지금, 쓸모가 있는 자는 반드시 등용하겠다. 내 말에는 틀
림이 없다. 나는 편애를 싫어한다. 신하에 대해서는 물론이요, 너희에
게도 편애는 하지 않을 작정이다."

남송 때의 시인 육유가 45세 때 아들들을 위해 쓴 것이 《방옹가훈》
이다. 이 속에 이런 말이 나온다.

"대단히 재능에 넘치는 젊은이처럼 위험한 것은 없다. 그런 자식을
둔 부형은 기뻐만 하지 말고 걱정거리가 늘었다고 여겨야 할 것이다.
그런 경우에는 항상 단단히 관리하고, 고전을 거듭 읽게 하고, 차분하
고 겸허한 마음을 갖도록 지도해야 한다. 또 경박한 친구들과 어울리
지 않게 하는 것도 중요하다. 이렇게 훈육하면 10년쯤 지나면 올바른
마음씨를 갖게 될 것이다.

젊은이의 장래를 생각해서라도 이런 기본을 단단히 심어놓아야 한
다. 그러지 않으면 나중에 두고두고 후회하게 될 것이다."

어머니가 자식을 속인다면, 자식도 어머니를 믿지 않게 된다

—

공자의 제자인 증삼曾參의 아내가 어린애를 데리고 물건을 사러 시장에 갔는데 따분해진 아이가 칭얼대자 엄마가 아이에게 말했다.

"그러면 먼저 집에 돌아가 있어라. 얌전히 돌아가면 상으로 오늘 저녁에는 돼지고기 요리를 만들어주마."

이 말을 듣고 어린애는 좋아라고 집으로 먼저 돌아갔다. 나중에 아내로부터 그런 얘기를 듣고 증삼이 돼지를 잡으려 하자 아내가 말렸다.

"애를 달래기 위해 거짓말을 했을 뿐이지, 정말로 그럴 생각은 없었어요."

증삼이 정색을 하고 아내를 나무랐다.

"어린애만은 속여서는 안 된다. 어린것은 지혜가 부족해서 부모가 말하는 것, 하는 짓을 듣고 보고 하면서 세상을 배워나가는 것이다. 지금 당신이 저 아이와의 약속을 지키지 않는다면 어린이에게 사람을 속이는 방법을 가르치는 꼴이 된다. 어머니가 자식을 속인다면 어린이는 앞으로는 어머니를 믿지 않게 된다. 그렇게 된다면 어머니가 자식을 가르칠 수가 없게 될 것이다."

그러고는 돼지를 잡아 죽였다. 《한비자韓非子》에 나오는 얘기이다.

《신음어》에 다음과 같은 말이 나온다.

"인격을 함양한다는 것은 초화草花의 새싹을 키우듯이 자상하게,

양가집 처녀가 조용히 일을 배우듯이 해야 한다. 따로 조장할 게 아니다.

매일같이 반성토록 한다는 것은 밭의 벌레를 찾아내듯이, 순찰하는 병사가 도둑을 잡듯이 주의 깊게 해야 한다. 방심하거나 손을 빼서는 안 된다.

사욕이나 사념을 이기는 수단은 뒤엉킨 나무뿌리를 잘라버리듯 하고, 또는 무장이 강적과 만났을 때처럼 과감한 결단을 내려야 한다. 뿌리를 송두리째 뽑아버리지 않으면 안 된다."

가족이 화하면
삶이 즐겁다

남에게 베푼 은혜는 잊어버리고, 남한테서 받은 은혜는 기억하라

—

중국의 유명한 가훈집 중에 《주씨가훈朱氏家訓》이 있다. 청나라 말기의 주백려朱柏廬가 남긴 가훈집이다. 여기서도 검소한 생활의 미덕을 강조하는 대목이 나온다.

"아침 해가 뜨기가 무섭게 일어나서 마당에 물을 뿌리고 쓸어 집 안팎을 깨끗이 청소해야 한다. 해가 저물면 문단속을 잘하도록 하고 반드시 자기가 확인해야 한다. 식사 때는 그것을 만든 농부들의 고생을 생각해야 한다. 또 실이며 천을 쓸 때도 그것을 만드는 어려움을 생각하고 고마워해야 한다.

무슨 일을 시작할 때는 사전에 준비를 단단히 해야 한다. 목이 마른

다음에 우물을 파는 따위의 어리석은 짓은 말아야 한다.

생활은 항상 검약하게 하고, 연회에 불려갔을 때는 언제까지나 죽치고 앉아 있어서는 안 된다. 기물은 검소하면서도 청결하기만 하면 값싼 토기라도 금이며 옥으로 만든 그릇보다 낫다. 음식은 소박해도 정성 들여 요리한다면 뜰에서 키운 채소라도 산해진미보다 낫다.

호화로운 저택을 지을 필요는 없다. 굳이 기름진 논밭을 가지려 해서는 안 된다. 집안에 여승이나 여도사, 점쟁이, 중매쟁이 할멈, 무당, 건달, 약 짓는 할멈, 산파들 중에 단 한 사람이라도 있으면 집안이 어지러워지는 씨가 된다. 아름다운 하녀며 요사스러운 첩을 두는 것도 바람직한 일이 아니다. 하인은 용모가 너무 단정한 인간을 써서는 안 된다. 또 부인이며 첩들이 요염한 복장을 하도록 해서는 안 된다.

먼 조상의 제사라도 진심이 담겨 있어야 한다. 어리석은 자손이라도 경서만은 거르지 않고 읽도록 해야 한다.

자기 생활은 될 수 있는 데까지 검소하게 하고, 자식 교육에서는 해서는 안 되는 것, 반드시 해야 할 것들을 단단히 가르쳐놓아야 한다.

받을 이유가 없는 돈은 탐내서는 안 된다. 술은 적당히 마시도록 하고 과음은 안 된다. 동업을 한다면 자기만 재미 보려 해서는 안 된다. 가난한 친척이나 이웃이 있다면 도움의 손을 뻗어야 한다. 냉혹한 방식으로 잘살게 되어도 오래가지 않는 법이다. 사람의 도에 어긋나는 행위를 하면 당장 몰락하기 마련이다.

형제나 조카에 대해서는 모자라는 것을 서로 융통하고 상부상조해야 한다. 한 집안에서는 남녀노소를 막론하고 모두가 가법을 지키도록 하고, 엄하게 교도해야 한다. 아내의 말에 현혹되어 친부모에게 냉정하게 대한다면 사나이 구실을 못하는 것이 된다.

재산에 눈이 팔려서 양친을 허술히 다룬다는 것은 자식 된 도리가 아니다. 딸을 출가시킬 때는 예물을 얼마나 많이 주느냐로 상대를 골라서는 안 된다. 아들이 며느리를 데려올 때 혼숫감의 많고 적고를 문제 삼아서는 안 된다. 부자한테 아첨하는 듯한 태도를 보인다는 것은 인간으로서 가장 부끄러운 일이다. 가난한 사람에게 경멸하는 태도를 보인다는 것은 가장 경멸할 일이다.

집 안에서는 말썽을 일으켜서는 안 된다. 말썽이 일어나면 마지막에는 파국을 맞게 된다. 밖에 나가서는 말조심을 해야 한다. 수다스러우면 틀림없이 해를 보게 된다.

권세를 내세우고 약자를 짓밟아서는 안 된다. 음식욕 때문에 함부로 산 짐승을 죽여서는 안 된다. 비뚤어진 자기주장을 고집하면 틀림없이 길을 잘못 들어서서 나중에 후회하게 된다. 게으름에 빠지면 집 안 살림이 엉망이 된다. 젊을 때 불량한 패거리와 어울려 다니면 틀림없이 나쁜 영향을 받게 된다. 평소에 경험이 풍부한 사람의 의견을 귀담아들으면 다급할 때 의지가 된다.

경솔하게 상대방의 말을 믿는다면 어떻게 그것이 근거 없는 비방이 아니라는 것을 알아차릴 수 있겠느냐? 상대방이 왜 그런 말을 했는가를 차분히 생각할 필요가 있다. 사사건건 사람들과 다툰다면 어떻게 자기에게 잘못이 있다는 것을 알아차릴 수 있겠느냐? 마음을 차분히 가라앉히고 잘 생각할 필요가 있다.

내가 남에게 베푼 은혜는 잊어버리는 것이 좋다. 그러나 남한테서 받은 은혜는 잊어서는 안 된다. 무엇이든 지나침이 없이 항상 여지를 남길 필요가 있다. 경사를 맞은 사람을 보았을 때 그를 시기해서는 안 된다. 걱정거리가 생긴 사람을 보았을 때 그것을 기뻐해서는 안 된다.

선행을 하고 사람들에게 알려지기를 바란다면 그것은 참다운 선행이 아니다. 나쁜 짓을 저질러서 사람들이 알지 못하도록 하는 것이야말로 대악이다. 여성을 보고 색정을 일으킨다면 너의 아내와 딸이 똑같은 꼴을 당하게 된다. 원한을 숨기고 상대방을 모함하려 한다면 그 화가 자손에게 미친다. 가족이 의좋게 산다면 비록 하루 세끼의 식사를 거르는 한이 있더라도 한없이 기쁜 것이다."

삶은 깨끗하게,
장례는 검소하게

죽음이란 인간의 피할 수 없는 운명이다

—

《안씨가훈》에서 안지추는 이런 말을 남겼다.

"죽음이란 인간의 피할 수 없는 운명이다. 나는 양나라가 망하는 난리 속에서 여러 번 죽음의 고비를 넘겨야 했다. 다행히도 조상님의 여경(餘慶, 남에게 좋은 일을 많이 한 보답으로 뒷날 그 자손이 받는 경사)을 입어 오늘에 이르도록 살아갈 수 있었다.

옛사람의 말에, 사람은 50세까지 살 수 있다면 그 후에는 죽어도 일찍 죽었다고 하지 못한다는 게 있다. 나는 이미 60세가 되었다. 그러니까 마음은 편안하며 언제 죽어도 한이 없다. 다만 예전부터 중풍기가 있기 때문에 언제 불쑥 죽을지 모른다고 생각하고 있다. 그래서 평소에 생각해오던 것을 여기에 적어서 너희에게 남기려 한다.

만약 내가 갑자기 죽는다 해도 어엿한 장례를 치를 필요는 없다. 그저 하루만 팔을 충분히 벌린 채 목욕을 시켜주기만 하면 된다. 납관할 때는 평소에 입던 옷을 쓰면 된다. 친척이나 우인들이 문상을 와서 술을 땅에 붓고 제사 지내는 것은 일절 사양해라. 만약에 너희가 내 뜻을 어기고 돌아가신 어머니 때보다 더 호화로운 장례를 치른다면 이 아비를 불효자로 만드는 것일 뿐이다. 그렇게 되면 너희도 마음이 편하지는 않을 것이다.

불교의 공덕이라는 것은 재력에 비례해서 할 수 있는 데까지 하는 것이다. 생활의 자산까지 탕진하고 자손을 굶게 한다거나 얼어 죽게 해서는 안 된다.

나는 지금 떠돌이 나그네 신세이며 하늘에 뜬구름처럼 떠도는 신세, 결국 어느 땅에 묻히게 될지 아직 모른다. 숨을 거두게 되면 그대로 그곳에 묻어주기만 하면 된다. 너희는 학업인 학문을 이어나가고, 집안 이름을 떨치도록 힘쓰기만 하면 된다. 이미 썩어버린 내 육신을 위해 묘지 따위에 미련을 두고 그 때문에 공연히 아까운 인생을 시골 구석에서 썩어버리는 일이 있어서는 안 된다.”

육유는 죽음을 앞두고 이렇게 일렀다.

“장례식에 돈을 쓴다는 것은 살아 있는 사람에게나 죽은 사람에게나 조금도 도움이 되지 않는다는 것은 예부터 많은 위인들이 말해온 바이다. 내 집안은 원래가 가난하기 때문에 그런 생각을 가져본 적이 없지만 관도 집안 형편이 용서하는 범위 내의 것으로 마련하면 충분하다. 영파寧波나 항주杭州의 항구에 일본 배가 왔을 때 3만 전만 주면 제법 훌륭한 관을 얻을 수가 있을 것이다. 무리를 해서 분수에 넘치는 관을 구하려 한다면 살아남은 사람들이 의식 걱정을 하게 될지도 모른다.

이것은 내 유언이 될지도 모르는 것이니 너희들은 지금 내가 한 말을 잘 지키고, 주위 사람들이 뭐라 해도 귀담아듣지 마라. 관 따위는 한번 땅속에 묻히고 나면 좋고 나쁘고의 분간을 할 수 없는 것이다."

중국 사람들은 예부터 관을 몹시 가리고 좋은 나무를 쓰고 옻칠을 잘한 관에 묻히기를 바랐다. 또 그런 부모를 위해 되도록 좋은 관을 쓰는 것이 다시없는 효도로 여겨졌다. 관을 짜는 데는 유주柳州에서 나오는 나무를 쓰는 것이 최고로 여겨졌다. 그래서 '음식이라면 광주廣州에서 먹고, 산다면 경치가 좋고 기후도 온후한 소주蘇州나 항주杭州에서 살고, 죽을 때는 유주에서 죽는 게 좋다'는 속담이 나왔다.

재능에는 우열이 있고, 지위에는 고하가 있게 마련이다

—

숙의肅嶷는 남제南齊 초대 황제의 둘째 아들이며, 형이 2대 황제가 되자 그를 보좌하여 남제의 기틀을 단단히 다졌다. 그는 임종을 앞두고 두 아들에게 다음과 같은 유서를 남겼다.

"사람은 누구나 살다가 죽기 마련이다. 나는 이미 연로하여 앞으로 얼마나 더 살지 모른다. 내가 오늘 이 자리에 있는 것은 내가 바라던

바는 아니다. 무엇이든 내 주머니에 넣고 싶어 하는 삶의 자세는 어릴 때부터 싫어했다. 다 늙어 이제 와서 한 가지 마음에 걸리는 것은 너희 형제에게 딸린 식구가 많다는 것이다. 내가 죽고 난 다음에는 서로 도와가며 의좋게 살아가기를 바란다.

재능에는 우열이 있으며 지위에는 고하가 있기 마련이다. 또 운과 불운이 따른다는 것도 자연의 이치이다. 자기가 좋은 처지에 있다고 해서 좋지 않은 처지에 놓여 있는 사람을 얕보아서는 안 된다. 다행히도 너희가 하늘의 가호를 받아서 제각기 자립하는 길을 걸어갈 수 있다면, 지금의 혜택 받은 신분을 언제까지나 잃지 않게 될 것이다. 그러기 위해서는 다음의 4가지를 지켜야 한다.

첫째, 열심히 학문을 하고 행실을 조심스럽게 하라.

둘째, 부여된 직책을 성실히 이행하라.

셋째, 가정을 잘 다스려라.

넷째, 검소한 생활을 하라.

이 4가지만 지킨다면 아무 걱정도 없다. 장례를 치를 때는 제단에 올리는 것은 향과 물, 그리고 밥과 건육과 빈랑檳榔만으로 충분하다. 1일과 15일에는 밥 한 그릇과 과일을 올릴 것, 그 이외에는 아무것도 필요치 않다. 장례가 끝나면 늘 사용하고 있던 수레와 의장용 우산은 남에게 주는 게 좋다.

나는 재능 면에서 고인을 멀리 따르지 못하며 또한 학문을 배우는 열의도 자못 모자랐지만 너무 많은 재산을 남겨서 화근을 만드는 일만은 하지 않았다. 내가 미처 하지 못한 일이란 손아래 동생들을 결혼

시키지 못한 것이다. 그 밖에는 내가 해야 할 일들은 모두 깨끗이 처리한 셈이다. 이 밖에도 말해둘 것은 많지만 그만두겠다.

관이며 무덤 속에 너무 많은 부장품을 넣어서 장래의 화근을 만들지 않도록 해라. 예복 이외에는 칼 한 자루만 넣으면 된다. 무덤은 너무 깊이 팔 필요가 없다. 모두 마련된 규정을 따라 하고, 도를 지나치지 않도록 하라. 내가 지니고 있던 복식이나 가죽옷들은 모두 사람들에게 나눠주도록 해라."

조조는 백성에게 부담이 된다며 성대한 장례를 금지했다

—

조조曹操는 죽음을 앞두고 아들들에게 다음과 같이 말했다.

"나는 군사령관으로서 엄하게 법을 집행했지만 그것은 지금도 옳았다고 생각하고 있다. 다만 이따금 노여움이 폭발한 나머지 큰 실수를 저지른 적도 있다. 이것만은 너희가 본받아서는 안 된다.

세상은 아직 안정되어 있지 않다. 그러니 장례도 예전처럼 따라 할 필요는 없다. 나는 두통이 심해서 전부터 두건을 써왔다. 내가 죽으면 살아 있을 때와 마찬가지로 예복을 입혀다오. 부디 부탁하건대 장례식에 참석하는 문무백관은 각기 곡성을 15번만으로 끝내고 장의가 끝나면 상복은 입지 않도록 하라. 각지에 주둔하고 있는 부대 장병은 모두 주둔지를 떠나서는 안 된다. 또 관직자들도 각자의 직무에서 떠나서는 안 된다. 평소에 입었던 옷을 입힌 채로 납관하고 금이며 옥,

보물들의 부장품은 필요치 않다.

나를 모시던 하인들은 모두 나에게 잘 해주었다. 그들을 동작대銅雀臺에 살도록 하고, 그들의 뒷바라지를 해다오. 또 내가 죽어서 일자리를 잃은 잡역부들에게는 신발 만드는 기술이라도 가르쳐서 생계를 유지할 수 있도록 해다오."

흔히 조조는 '난세의 간웅'으로 알려지지만 사실은 위의 유언이 보여주는 바와 같이 뛰어난 위인이었다. 예부터 유교에서는 후장厚葬을 중히 여겨왔다. 그러나 조조는 성대한 장례를 금지했다. 끊이지 않는 전란으로 지치고 시달릴 대로 시달린 백성에게 쓸모없는 부담이 가지 않도록 하기 위한 처사였다.

정사를 보면 조조는 소설 《삼국지》에 나오는 조조의 이미지와는 전혀 다르다. 그 한 토막을 정사에서는 다음과 같이 기록하고 있다.

"조조는 매우 알뜰했으며 화미華美를 싫어했다. 후실 여인들에게도 수를 놓은 화려한 의복은 입지 못하게 했다. 시종들의 신발도 단색이었다. 발이나 병풍이 찢어지면 수리를 해서 썼다. 침구도 따스하기만 하면 된다면서 단을 달지 못하게 했다. 그는 평소 '까다롭고 번거로운 장례 절차나 사자에게 입히는 여러 겹의 수의는 아무짝에도 소용이 없으며 요새 풍습은 도가 지나치다'라고 생각하고 있었다. 그래서 그는 자기가 죽을 때 입을 옷을 미리 준비해놓고 있었다.

결혼식에 대해서도 너무 호화스럽다는 생각을 가지고 있었다. 그래서 자기 딸이 결혼할 때도 검은 휘장을 쓰고 시녀도 10명만 붙였다."

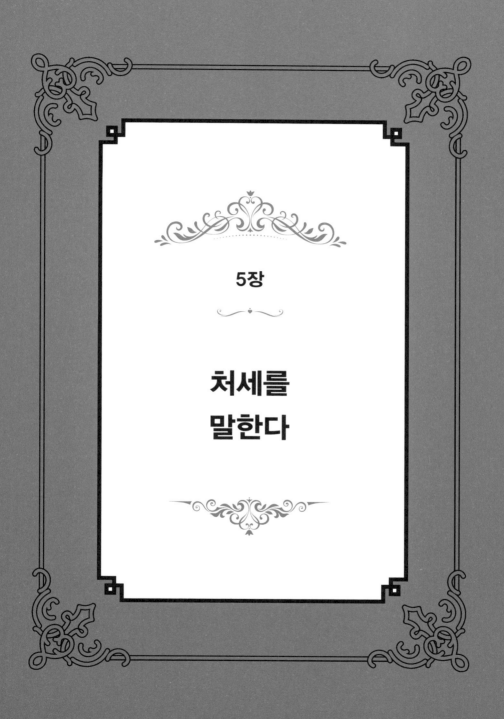

5장

처세를
말한다

겸손하면 흥하고,
교만하면 망한다

교만할 교란 한자는 특히 재앙을 불러들이는 문이다

—

　　한 소년이 강가에서 낚시를 하고 있었다. 그의 낚시는 그저 장대 끝에 갈퀴가 달려 있는 간단한 것이었다. 그런데도 고기를 잘 잡았다. 그의 곁에서 같이 낚시를 하고 있던 어른의 낚싯대는 대단히 값진 것이었다. 그런데도 여러 시간이 지나도 그는 한 마리도 잡지 못했다.

　어른은 고기 잡기를 단념하고 낚시 도구를 챙기고 있는데, 소년이 바구니 속에 고기를 가득 담고 지나갔다. 하도 신기해서 어른이 그에게 물었다.

　"너는 그 낡아빠진 낚싯대를 가지고 어떻게 그 많은 고기를 잡았니? 무슨 비결이라도 있니?"

소년은 아무것도 아니라며 대답했다.

"비결이란 게 어디 있나요? 그저 고기에게 내가 보이지 않도록 몸을 감추고 있는 것뿐이죠."

퇴계는 다음과 같이 교만하지 말라고 타이르고 있다.

"교만할 교驕란 한자는 특히 재앙을 불러들이는 문이니, 부유하다고 하여 교만하지 말고, 고귀한 지위에 있다 하여 교만하지 말라. 겸손하면 흥하고 교만하면 망하느니, 이런 까닭에 주공은 나라를 다스릴 때도 교만하지 않았다."

체스터필드는 아들에게 다음과 같이 겸손의 처세술을 가르치고 있다.

"학식이 풍부한 사람은 지식에 자신이 있는 나머지, 남의 의견을 귀담아듣지 않는 수가 많다. 그러고는 일방적으로 자기 판단을 강요하거나 멋대로 결론을 내린다. 그렇게 되면 어떻게 될까? 자기 의견이 묵살된 사람들은 모욕당했다, 상처를 입었다고 느끼고 순순히 따르지 않는다. 그들은 분노 끝에 반항하고, 심한 경우에는 법적인 수단까지 쓰려고 할 것이다.

이렇게 되지 않기 위해서는 지식의 양이 늘어나면 늘어날수록 조심해야 한다. 확신하는 것도 확신이 없는 것처럼 꾸민다. 의견을 말할 때도 단정을 내리지 않는다. 남을 설득하려면 상대방의 의견을 잘 듣는다. 그만한 겸허함이 없으면 안 된다.

만약 네가 학자티를 내고 밉보이는 게 싫다면, 그렇다고 해서 무식하다는 소리를 듣는 것도 싫다면 제일 좋은 것은 너무 아는 체하지 않는 것이다. 그리고 주위 사람들과 비슷하게 말하는 것이다. 그저 소박한 말투로 내용만 전달하는 게 좋다. 주위 사람들보다 조금이라도 잘난 척한다거나 유식한 듯이 보여서는 안 된다.

지식은 회중시계처럼 슬쩍 호주머니 속에 넣어두면 된다. 자랑하고 싶어서 쓸데없이 호주머니에서 꺼내 보이거나 시간을 가르쳐줄 필요는 없다. 혹 사람들이 몇 시냐고 물으면 그때 대답해주면 된다. 묻지도 않는데 시간을 알려줄 필요는 없는 것이다.

학문은 가지고 있지 않으면 곤란하다. 그것은 도움이 되는 장식품과 같은 것이다. 몸에 지니고 있지 않으면 부끄러워질 때가 많다. 그러나 지금 내가 말한 것과 같은 잘못을 저질러서 미움을 사지 않도록 각별히 조심해야 한다."

따분한 사람이란 남의 생각을 무시하고, 남의 마음을 헤아리려 하지도 않고, 남의 비위를 맞출 줄 모르고, 제 소리만 하고 제 잘난 티만 낸다.

좋은 손님은 찾아오자마자 집 안이 밝아지지만, 나쁜 손님은 가고 난 다음에 집 안이 밝아진다.

현명한 사람이란 사람들이 비웃는다 해도 못 들은 척한다

—

《원씨세범》에는 이렇게 말했다.

"이 세상을 살아가는 데 만심慢心, 위심僞心, 투심妒心, 의심疑心 따위를 품는 것은 일부러 사람들에게 경멸당하는 원인을 만드는 것과 같다. 덕이 있는 군자는 그렇게 하지 않는 법이다.

우선 만심에 대해서 말해보자. 자기가 뛰어난 것도 아닌데도 툭하면 상대방을 얕보고, 자기만 못한 사람이나 저쪽에서 먼저 접근해 오는 사람을 보면 거만하게 굴 뿐만 아니라 상대방이 없는 곳에서 마구 흉을 본다. 이런 사람은 조금이라도 자신을 반성해본다면 당장 등에서 식은땀을 흘리게 될 것이다.

다음은 위심에 대해서 말해보자. 이런 사람의 말은 제법 친절하고 태도도 매우 정중하다. 그러나 마음속으로는 달리 여기고 있다. 이런 사람은 한때 사람들의 신뢰를 얻을 수 있어도, 여러 번 되풀이하면 속마음이 들통 나서 사람들이 침을 뱉게 될 것이다.

다음으로 투심에 대해서 말해보자. 이런 마음을 가진 사람은 늘 남들보다 윗자리에 올라서 있으려고 한다. 그래서 혹 다른 사람의 장점을 칭찬하는 사람이 있으면, 그것을 듣기만 해도 마음이 뒤틀리고 얼굴을 붉혀가며 아니라고 우겨댄다. 거꾸로 자기만 못한 사람이 있다는 얘기를 들으면 당장 우쭐댄다. 이러면 역효과가 생겨서 상대방에게 원한만 살 뿐이다.

끝으로 의심에 대해서 말해보자. 사람이 무슨 말을 하든 곧이곧대로 받아들이려 하지 않고, '저자는 나를 비난하고 있는 것이 아닐까? 나를 비웃고 있는 것은 아닐까?'라고 이러쿵저러쿵 상대방의 속셈을 억측한다. 사람들에게 원한을 사는 것은 늘 이런 것에서 비롯된다.

현명한 사람이란 사람들이 비웃는다 해도 못 들은 척한다. 그렇게 살아가면 어떤 말썽도 생기지 않는다."

직업과 집안은
귀천이 없다

다산처럼 뛰어난 인물도 직업의 차별의식을 버리지 못했다

—

　　중국 속담에 '자自와 대大를 겹치면 취臭가 된다'라는 말이 있다. 너무 겸손한 것도 탈이지만, 너무 우쭐하고 건방지게 굴면 취기가 코를 찌르게 된다는 뜻이다.

《성서》에 의하면 하나님은 빛과 어둠, 하늘과 땅, 바다와 육지, 짐승들과 식물들을 만든 다음 6일째에 마지막으로 최초의 인간인 아담을 만들었다. 그것은 인간에게 겸손하라는 교훈을 내리기 위해서였다. 그러나 이 교훈을 지키는 사람은 드물다. 집안 자랑을 하지를 않나, 돈 자랑을 하지를 않나, 지식 자랑을 하지를 않나, 어떻게든 남들에게 뽐내고 싶어서 안달들이다. 그래서 어른들마다 입이 마르도록 겸손하라고 말한다. 그러나 이것처럼 지키기 어려운 게 없는가 보다.

조선 시대에는 천한 신분의 사람은 으레 천한 직업에 종사하도록 되어 있었다. 물론 천한 직업이라는 것은 당시의 사람들이 멋대로 정한 것에 불과했다. 심지어는 손을 놀려서 일하는 직업은 무조건 천하게 여겼다. 이조 백자를 굽는 사람도 예외는 아니었다. 우리나라에 국보니 보물이니 하는 도자기들이 있어도 그것을 누가 만들었는지는 전혀 알 수가 없다. 고작해야 어느 가마에서 구웠다는 것만이 기록에 남아 있을 뿐이다.

다산처럼 뛰어난 인물도 직업의 차별의식을 버리지 못했다. 그는 아들이 의원 노릇을 한다는 소식을 듣고 대경실색하여 다음과 같이 노기에 찬 편지를 써 보냈다.

"네가 갑자기 의원이 되었다니 무슨 뜻이며 무슨 이익이 있어서 그랬느냐? 네가 의술을 빙자해 벼슬아치들과 사귀면서 아버지의 석방을 도모하려고 그랬느냐? (중략) 속된 세상에서 말하는바 헛되이 덕을 베풀고 다닌다고 자랑하는 사람을 너는 알지 못하느냐? 아무리 지껄여도 입술도 닳지 않는 앵무새처럼 너의 뜻을 기쁘게 해주고는 돌아서서 냉소하는 사람이 가득 차 있음을 너는 아직 깨닫지 못했단 말이냐?

신분이 높거나 덕망이 많고 또는 학문에 통달한 사람들은 의술에도 통달하기 마련이지만, 그들 스스로 천하게 의원 노릇을 하지는 않는 법이다. 또 병자가 있는 집으로 왕진 가지도 않으며, 혹 위급한 환자가 있어 세 번 네 번 간곡한 부탁을 받게 되면 마지못해 처방을 해주는 정도이다.

그런데도 너는 크게 소리를 내고 약방문을 활짝 열어서 온갖 종류의 사람들을 모두 방에 가득 모이게 하여 별의별 사람들의 약을 지어주고 있다니 이 무슨 변고냐? 만약에 네가 의원 일을 그만두지 않는다면 내 살아서는 연락도 않을 것이며, 죽어서도 눈을 감지 않을 것이다."

요새는 제법 무형문화재니 인간문화재니 하여 옛적에 천대받던 직업들이 우대받기 시작했지만 여전히 그들은 허리를 낮추고 산다. 아직도 우리는 직업이며 신분의 귀천을 가린다. 한 가지 옛날과 달라진 것은 돈이 많으면 그의 아버지가 배추 장사를 했든 구둣방을 했든 상관없이 존대를 받는다는 것이다.

직업에 귀천은 있을 수 없다. 시원찮은 직업이란 것도 없다. 그저 시원찮은 사람들이 있을 뿐이다. 그런 것을 우리는 아직도 가리는 못된 버릇이 있다.

가치 있는 부분이 땅 밑에 묻혀 있는 것이 꼭 감자와 같다

—

어느 날 알렉산더Alexander 대왕이 보니 디오게네스가 사람의 해골들을 뒤척이고 있었다. 이상하게 여긴 대왕이 "무엇을 찾고 있습니까?"라고 물었다. 철학자는 이렇게 대답했다.

"나는 당신 아버지의 뼈들을 찾고 있답니다. 그런데 도저히 당신의 아버지 것과 그의 노예들의 뼈를 식별할 수가 없군요."

집안 자랑을 하고 귀천을 따지는 것은 우리나라만이 아니다. 서양
도 심했다. 고대 그리스의 명문가 후손인 하모디우스Hamodius가 미
천한 집안 출신이라면서 이피크라테스Iphikrates를 빈정거렸다. 이피
크라테스가 혁혁한 전공을 세워 명성을 떨치게 된 것이 여간 못마땅
했던 것이다. 이에 이피크라테스는 이렇게 응수했다.

"나와 당신의 차이는, 내 집안은 내게서 시작하는데 당신 집안은 당
신과 함께 끝난다는 것입니다."

프랜시스 베이컨이 언젠가 귀족들을 매도하면서 이렇게 말했다.

"그 무리는 자기 자신은 아무 공적도 없는데도 잘살고 있다. 모두가
조상 덕이 아니냐? 가치 있는 부분은 땅 위에 없고, 가치 있는 부분이
땅 밑에 묻혀 있는 것이 꼭 감자와 같다."

증국번은 넷째 동생에게, 남을 평할 때는 겸허한 태도를 잃지 말라
고 타이르는 편지를 보냈다.

"너도 이제는 제법 사회인으로서의 경험을 쌓아서 세상을 조금은 알
게 된 것 같다. 그렇지만 너의 편지를 보면 교만스러운 마음이 있는 것
같다. 이 천지 사이에서는 겸허한 태도가 행복을 불러들이는 길이다.
교만스러우면 현 상태에 만족하게 되고 만족하는 순간 전락이 시작된
다. 입을 놀리고 글을 써서 상대방이 속물이라느니 천박하다느니 하고
혀를 차거나 상대방의 단점을 꼬집어내고 숨기는 것을 폭로하는 것은
모두 교만에서 나온다. 말하는 것이 맞는지 아닌지는 문제가 아니다.
설사 모두 맞는 말이라 해도 그런 것은 천도가 용서하지 않는다.

우리 집안 젊은이들의 마음속에는 교만이 있는 것처럼 여겨진다. 입을 열었다 하면 남의 장단점을 들먹이고 천박하다느니 거칠다느니 하며 비웃지만, 이것은 결코 바람직한 태도가 아니다. 이런 젊은이들의 교만한 마음을 바로잡으려 한다면 먼저 네가 남의 단점을 들먹이거나 숨기는 일들을 폭로하는 버릇을 철저히 고칠 필요가 있다. 그런 다음에 젊은 아이들의 태도를 하나하나 주의를 주고 고쳐주는 것이 좋겠다.

'교驕'를 없애려면 우선 남들을 비웃지 말아야 한다. 또 '타惰'를 없애려면 우선 아침 일찍 일어나야 한다.

너희 할아버지가 남기신 유훈은 여덟 글자를 지키라는 것이었다. 곧 아침 일찍 일어나서 일하는 버릇을 키우라는 '조早', 일정한 시간에 청소를 하고 환경 위생에 유의하라는 '소掃', 진심으로 조상을 숭상하고 제사를 거르지 말라는 '고考', 이웃과 의좋게 지내고 상부상조하는 마음을 간직하라는 '보寶', 자녀 교육에 힘쓰고 지식의 향상을 도모하라는 '서書', 집에서 채소를 길러 먹으라는 '소蔬', 물고기를 양식해 식생활을 충실히 한다는 '어魚', 돼지나 가축을 길러서 집안 살림을 안정하게 한다는 '저豬' 등 여덟 글자의 가르침이다.

할아버지는 또 '삼불신三不信'을 말씀하셨다. 곧 점쟁이를 믿지 말고, 의약을 믿지 말고, 중과 무녀를 믿지 말라는 것이다.

또한 내가 주야로 '교'와 '타'를 없애려고 노력하고 있다는 것을 잊지 마라. 이것들을 너희가 지켜준다면 젊은이들의 태도도 절로 겸허해질 것이다."

이기기를 좋아하면
적을 만든다

부귀라는 것은 운명의 장난에 의해 마련되는 것이다

—

공자가 매우 흠모한 인물이 주나라의 틀을 잡은 주공, 곧 주
공단周公旦이다. 그는 자신의 영지인 노나라에 자기 대신 아들 백금伯
禽를 보내기로 했다. 이때 그는 아들에게 이렇게 타일렀다.

"나는 문왕의 아들이고 무왕의 동생이며 지금 성왕의 삼촌이다. 그
러니까 온 천하의 사람들이 나를 고귀한 몸이라 우러러본다. 그런 나
도 사람의 방문을 받으면 설사 머리를 감고 있을 때라든가 식사하는
도중이라 해도 당장 중단하고 만나곤 한다. 그래도 혹 모자라는 것이
없는가, 우수한 인재를 놓치지나 않는가 하고 마음을 졸인다. 너도 노
나라에 가면 비록 왕이라 해도 결코 교만해서는 안 된다."

노자가 볼 때 공자는 자기를 너무 내세우는 게 탈이었다. 공자가 예를 배우려고 찾아오자 노자는 다음과 같이 훈계한다.

"자네가 하는 말을 듣자 하니 사람도 뼈도 다 썩어버리고 허튼소리만 남아 있는 것 같다. 끝없이 향상하려고 노력하는 군자란 기회가 오면 세상에 나오고 기회가 오지 않으면 숨어 사는 법이다. 뛰어난 상인은 값진 물건은 깊이 숨겨두고, 가게 안은 텅 비워놓는다고 하지 않던가. 군자란 훌륭한 인격을 가지고 있으면서도 얼굴은 바보처럼 보이게 하는 법이다. 자네는 무엇인가 큰일을 하려고 하는 욕기를 버려야 한다."

《원씨세범》에 이런 말이 나온다.

"부귀라는 것은 운명의 장난에 의해 마련되는 것이다. 따라서 부귀를 얻었다고 해서 주위 사람들을 내려다봐서는 안 된다. 가난 속에서 입신하고 부자가 되거나 높은 지위에 오르고 하는 것은 분명 사람들에게 칭찬받을 만한 것이지만, 그렇다고 해서 주위 사람들의 빈축을 살 만한 짓은 말아야 한다.

특히 조상의 유산으로 고생을 모르고 사치스러운 생활을 하고, 아버지 덕분에 높은 지위에 오른 것이라면 보통 사람과 전혀 경우가 다른 것이다. 그런데도 주위 사람들을 멸시하거나 한다면 이보다 더 부끄러운 일도 없을 것이다.

무지한 인간은 참으로 처치하기가 힘들다. 주위 사람들에게 똑같이 예를 갖추고 대하지 않을 뿐만 아니라, 상대방의 경우에 맞춰서 높고 낮은 등급까지 매긴다.

재산이 많고 지위가 높은 사람에게는 공손한 태도로 경의를 표시하고, 상대방의 재산이 많아지고 지위가 높아짐에 따라 한층 더 공손하게 대한다. 반대로 가난한 사람이나 지위가 낮은 사람에게는 불손한 태도를 보이고 처음부터 넘본다.

상대방이 아무리 돈이 많다 해도 그 때문에 자기가 올라가는 것이 아니고, 상대방이 아무리 가난하다 해도 그것이 자기의 수치가 되는 것도 아니다. 그런데 어찌하여 상대방을 차별하려 드느냐? 온후하고 견식이 있는 사람은 절대로 그렇게 행동하지는 않는다."

일이 잘못됐을 때 사람들은 남의 탓으로 돌린다. 자기가 잘못했다는 것은 인정하려 들지 않는다. 걷다가 넘어지면 발에 차인 돌 탓으로 돌린다. 돌이 없을 때는 언덕이 너무 가파른 탓이라고 여긴다. 언덕이 아니라면 신발이 헐어서 그랬다고 말한다.

이렇게 사람들은 잘됐을 때는 모두 자기가 잘났기 때문이라 여기고, 안 됐을 때는 오만 가지 이유와 변명을 늘어놓는다. 겸허하게 자기 판단이 잘못되었다, 자기가 너무 성급했다, 자기 힘이 모자랐다고 솔직하게 자기 잘못을 인정하려 들지 않는다.

산이 높고 험한 곳에서는 나무가 자라지 않는다

—

볼테르가 영국 시인이자 극작가로 유명한 콩그리브William Congreve를 회상하면서 다음과 같이 말했다.

"그는 영국 작가 중 그 누구보다도 희극의 영광을 높여준 인물이다. 내가 그를 사귀었을 때 그는 병약해서 생사의 갈림길에 서 있었다. 그의 유일한 결점은 작가라는 직업에서 명성과 부를 얻었는데도 자기 위치를 과소평가했다는 것이다. 그는 자기 작품들이 자기의 진가를 밑도는 시원찮은 것들이라고 말하고, 나와 처음으로 나눈 대화에서, 소박한 생활을 하는 일개 신사일 뿐인 자기를 찾아와 주는 게 옳다고 은근히 비치기도 했다. 그래서 '나는 만약 당신이 일개 신사에 지나지 않을 정도로 불행했다면 이렇게 당신을 찾아오지는 않습니다'라고 대답했다. 나는 그런 지나친 허영심에 역겨움을 느꼈다."

제법 상당한 평가를 받고 있는 한 미국 작가가 토마스 만Thomas Mann을 만났다. 그는 "당신과 같은 위대한 문학가 앞에 있으니 도저히 저는 작가라고 부르기가 부끄럽습니다"라고 자기 비하의 말을 늘어놓았다. 토마스 만은 그 자리에서는 정중하게 대하더니 나중에 다른 사람에게 이렇게 말했다.

"그는 그처럼 자기를 낮출 권리가 없다. 그렇게 겸손해할 정도로 훌륭하지 않으니까."

《채근담》에서는 양보의 정신을 강조한다.

"이 세상을 살아나갈 때 남에게 한발 양보하는 마음가짐을 가지고 있어야 한다. 한발 물러선다는 것은 한발 앞으로 나아가기 위한 전제가 되는 것이다. 대인관계에서는 되도록 관대하여야 좋은 결과를 낳게 된다. 남을 위한다는 것이 결국은 자기의 이득이 되어 돌아오는 것이다."

'한평생을 두고 남에게 길을 양보해도 백 보도 안 된다'라는 말이 있다.

《명심보감》에는 이런 말도 있다.

"남에게 양보하는 사람은 능히 중요한 자리에 오를 수 있다. 남에게 이기기를 좋아하는 사람은 반드시 적을 만들게 된다."

《채근담》은 여러 차례나 양보와 관대를 권하고 있다.

"샛길처럼 비좁은 곳에서는 자기가 한 발자국 물러서서 상대방이 먼저 지나가도록 하고, 맛있는 음식은 자기 몫을 3분의 1쯤 줄여서 상대방에게 양보한다. 이런 마음씨야말로 이 세상을 살아갈 때 편안히 즐길 수 있는 하나의 방법이다.

사람을 대할 때는 완전한 것을 기대하지 말고 9부 정도만 바라고, 나머지 1부는 관대하게 눈감아두는 것이 좋다.

남의 사소한 과실을 책하지 말라. 남이 숨기고 있는 것을 폭로하지 말라. 남이 과거에 저지른 잘못을 언제까지나 기억하지 말라. 그러면 자기 덕을 키울 수 있을 뿐만 아니라 남에게 원망받는 것과 같은 재난을 피할 수도 있다.

소인을 대할 때 그 단점이나 결점을 책하는 것은 어렵지 않지만, 그 결점을 호응하여 미워하지 않는 것은 어렵다.

한편 훌륭한 인물을 대할 때는 그 장점이며 결점을 존경하는 것은 어렵지 않지만, 존경이 지나쳐서 예를 벗어나기 쉽기 때문에 올바른 예를 갖추는 것은 어렵다.

산이 높고 험한 곳에서는 나무가 자라지 않는다. 그렇지만 굽이쳐 흐르는 냇물이 있으면 초목은 무성하게 자란다. 또 물살이 급한 곳에서는 물고기가 살지 않는다. 그렇지만 물이 고여 있는 곳에서는 고기들이 몰려 산다. 이처럼 고고한 행위나 옹졸하고 성급한 마음을 가지고 있으면 사람들이 가까이하지 않는다."

남에게 대접받기를 원하면 먼저 남을 정중히 대하라

—

공자의 제자인 자공에게 다른 제자가 물었다.

"우리 선생님인 공자께서는 어느 나라에 가도 정치에 대한 자문을 해달라는 요청을 받는데 그것은 선생님이 자청해서 그렇게 되는 것인가요, 아니면 상대방이 요청하는 것인가요?"

자공은 이렇게 대답했다.

"선생님은 '온량공검양溫良恭儉讓'하신 인품의 매력으로 자연스레 그렇게 되는 것이다. 이 점이 다른 사람들과 다르다."

온은 부드러움, 온화함을 뜻한다. 량은 순박함을 뜻한다. 공은 공손함을 뜻한다. 검은 조신함을 뜻한다. 양은 양보하고 남과 다투지 않는다는 뜻이다. 이와는 반대로 보통 사람들은 자칫 마음이 쌀쌀하고 비뚤어져 있거나, 혼자 잘난 체하거나 하여 사람들이 가까이하지 않으려 든다. 이리하여 조직 속에서 외톨이가 되면 정보망이 좁아지고, 유익한 조언을 얻을 길도 없어지고, 함께 힘을 합쳐 일하지도 못하게 된다.

연암 박지원의 아들이 아버지를 회상하면서 다음과 같이 말했다.

"아버지는 사람을 대하여 담소할 적에 언제나 격의 없이 말씀하셨다. 그러나 마음에 맞지 않는 사람이 자리 중에 있어 말 중간에 끼어들기라도 하면 그만 기분이 상해, 비록 하루 종일 그 사람과 마주하고 앉았더라도 한 마디 말씀도 나누지 않으셨다. 아는 사람들은 대부분 아버지의 그러한 태도를 단점으로 여겼다. 악을 미워하는 아버지의 성품은 타고난 것이어서 부화뇌동하거나 아첨하거나 거짓을 꾸미는 태도를 억지로 용납하지 못하셨다. 그리하여 한번 누구를 위선적이거나 비루한 자로 단정하시면, 그 사람을 아무리 정답게 대하려고 해도 마음과 입이 따라주지 않았다.

한번은 이런 말씀을 하셨다.

'이것은 내 기질에서 연유하는 병통이라, 고쳐보려고 한 지 오래지만 끝내 고칠 수 없었다. 내가 일생 동안 험난한 일을 많이 겪은 것은 모두 이 때문이었다.'"

《명심보감》에서는 다음과 같이 가르치고 있다.

"남이 나를 정중히 대해줄 것을 바라거든 무엇보다 내가 먼저 남을 정중히 대하라. 모든 일에 인정을 가지고 대하라. 그러면 나중에 서로 좋은 낯으로 보게 될 것이다."

여기서 '인정'을 너그러운 관용과 자상한 이해심으로 바꿔 생각하면 될 것이다.

《채근담》에 다음과 같은 말이 나온다.

"세상을 살아가는 데 너무 결벽해서는 안 된다. 더러움이며 때를 모두 받아들일 만한 도량을 갖춰야 한다. 인간관계에서는 좋다 나쁘다 하는 감정을 겉으로 나타내지 말라. 어떤 사람이나 모두 받아들일 만한 포용력을 지니는 게 좋다."

이런 말도 있다.

"세속에 동조해도 안 되지만 너무 떨어져 있어도 안 된다. 이것이 세상살이의 요령이다. 사람들에게 혐오의 대상이 되면 안 되지만, 그렇다고 해서 사람들의 비위를 맞출 생각만 해도 안 된다."

뛰어난 점이 있는데도 사람들이 멀리하려는 사람이 있고, 결점투성이인데도 사람들이 친밀하게 느끼는 사람이 있다.

언제나
물처럼 돌처럼 살아라

물처럼 약하면서도 언제나 강한 것을 이긴다
—

　　노태우 대통령이 재임하던 시절에 세상 사람들이 곧잘 '물태우'라고 비웃었다. 그러나 물처럼 산다는 것은 노자부터가 '상선여수上善如水'라면서 이상적인 삶의 자세라고 찬양한 것이었다.

　《노자》에 이런 말이 나온다.

　"가장 이상적인 삶의 자세는 물과 같은 것이다. 물은 만물에 은혜를 베풀면서도 상대방에게 거역하지 않으며, 사람들이 싫어하는 낮은 곳으로 흘러간다.

　그리하여 낮은 곳에 몸을 두고 있으면서도 못처럼 깊은 마음을 아울러 가지고 있다. 베풀 때는 격의 없이 하고, 말하는 것에는 거짓이 없다. 나라를 다스릴 때는 파문을 일으키지 않으며, 매사에 적절히 대처하고 절묘하게 시기를 골라서 행동한다. 이것이야말로 바로 물의 모습이다. 물처럼 거역하지 않는 삶의 자세를 지키고 있으면 실패를 모면할 수가 있다."

《노자》에는 또 이런 말이 있다.

"이 세상에서 물처럼 약한 것은 없다. 그러면서도 강한 것을 이기는 데 물만 한 것이 없다."

물은 매우 유연하다. 둥근 그릇에 들어가면 둥근 모양을 하고, 모난 그릇에 들어가면 모난 모습이 된다. 환경의 변화에 따라서, 상대방의 태도에 따라서 유연하게 나의 태도나 자세를 바꿀 수 있어야 한다는 것이다. 외골수로 산다는 것도 때로는 바람직하지만, 경직된 사고방식으로는 격변하는 현실을 살아나가기 어렵다.

둘째, 물처럼 겸허해지라는 것이다. 물은 엄청난 은혜를 사람과 자연에 베풀어주면서도 조금도 잘났다는 티를 내지 않고 늘 낮은 곳으로 몸을 낮춘다. 자기의 공적을 내세우면서 사람들을 우습게 여기거나 좀 잘났다고 뽐내지도 않는다.

셋째, 상대방에게 거역하지 않는 게 물이다. 바위에 부닥치면 돌아가고 남과 다투려 하지 않는다. 이것을 노자는 '부쟁不爭의 덕'이라고 했다.

공자가 화창한 봄날에 제자 넷을 거느리고 한가롭게 소일하고 있다가 말했다.

"너희는 기탄없이 소망을 말해보아라."

자로가 먼저 말했다.

"저는 내우외환에 시달리는 작은 나라에서 일하고 싶습니다. 이런 나라에서 백성에게 의와 용을 가르치고 3년 안에 나라 안을 평화롭게 만들어보겠습니다."

다음에 염유冉有가 말했다.

"저는 그보다 더 작은 나라에서 일하고 3년 안에 백성의 살림을 넉넉하게 만들어보겠습니다."

그다음에 공서화公西華가 말했다.

"저는 자신은 없지만 종묘의 제사나 제후의 모임에서 예장을 하고 말단의 접대역을 맡았으면 합니다."

마지막으로 증석曾晳이 말했다.

"저의 소망은 지극히 작은 것입니다. 봄날에 새로 만든 옷을 입고 교외로 산책하러 나갑니다. 젊은이나 어린애들을 서너 명 데리고 강가를 거닐고는 봄바람을 맞아가며 노래라도 부르고 싶습니다."

그 말을 듣자 공자도 길게 탄식을 하면서 말했다.

"그것이다, 내가 해보고 싶은 것도."

한평생을 두고 일종의 정치 컨설턴트로서 천하의 정치를 바로잡아보겠다던 공자도 마음속으로는 지극히 인간적이고 편안한 생활을 꿈꾸었던 것이다. 범속한 우리가 편안한 살림 속에서 행복을 찾으려 하는 것도 그리 이상한 일은 아니다.

호연지기는 도와 의가 뒷받침되어 있어야 비로소 존재한다

—

《신음어》에서 여신오呂新吾는 인물을 세 등급으로 나누었다.

제1 등급은 심침후중深沈厚重이다. 신중하고 중후하며 위기에도 동요함이 없이 침착하게 일을 처리한다.

제2 등급은 뇌락호웅磊落豪雄이다. 호탕하고 만사에 적극적으로 대응하며, 사소한 일에 구애받지 않는다. 그러나 다른 사람을 너무 배려하지 않아서 공연히 주위 사람들의 반발을 사게 된다.

제3등급은 총명재변聰明才辯이다. 머리가 잘 돌고 말도 잘한다. 이런 인물은 자기 재치를 너무 자랑하고 말재간을 부리다가 실수를 잘한다. 그래서 가볍다는 평을 받고 주위의 신뢰를 잃기 쉽다.

다산은 아들들에게 호연지기를 키우라고 일렀다.

"대부의 마음가짐이란 마땅히 광풍제월光風霽月과 같도록 털끝만큼도 가리는 곳이 없어야 한다. 일반적으로 하늘이나 사람들에게 조금이라도 부끄러운 짓을 저지르지 않는다면, 자연스럽게 마음이 넓어지고 몸에 안정감이 나타나 호연지기가 저절로 우러나온다. 만약 포목 몇 자, 동전 몇 닢 정도의 사소한 것들에 잠시라도 마음이 끌리게 된다면 기상이 쭈그러들어 정신적으로 위축된다. 그러니 너희도 각별히 조심하여라."

어느 날 한 제자가 맹자에게 물었다.

"선생님 같은 분도 막상 한 나라의 재상이 되어서 정치를 맡게 된다면 역시 마음의 동요를 느끼지 않으실까요?"

"아니다. 나는 40이 지나서부터는 어떤 일에도 동요하지 않게 되었다."

"어째서입니까?"

"평소 호연지기를 기르고 있기 때문이다."

"예?"

"한마디로 말하기는 어렵지만 더없이 크고 강한 것을 올바르게 키우면 천지간에 충만하게 된다. 그것이 바로 호연지기이다. 그러나 그것은 도와 의가 뒷받침되어 있어야 비로소 존재한다. 그렇지 않으면 당장 사라져버리고 만다. 의를 거듭 행하는 사이에 자연히 얻게 되는 것이다. 어쩌다 의를 한다고 해서 얻어지는 것은 아니다. 또 마음에 꺼림칙한 것이 있어도 사라지고 만다."

쉽게 말해서 올바른 생각을 하며, 올바른 일을 한다는 자신이 있으면 어떠한 경우에도 태연자약할 수 있다. 이것이 바로 호연지기라는 것이다.

《장자》에 의하면 인간에게는 팔자八疵, 곧 여덟 가지 결점이 있다.

1. 총摠 - 자기가 해야 할 일도 아닌데 쓸데없이 공연히 잘난 체한다.
2. 녕佞 - 남이 묻지도 않았는데 먼저 나서서 의견을 말한다. 곧 장단을 맞춰나간다.
3. 첨諂 - 상대방의 비위를 맞춰서 아양을 떤다.
4. 유諛 - 시비의 매듭을 가리지 않고 수다를 떨며 아첨한다.

5. 참讒 - 남의 흉을 보기 좋아한다. 곧 시기에 사로잡히길 좋아한다.

6. 적賊 - 남의 사이를 갈라놓고 가까운 사람 사이를 잘 이간질한다.

7. 익匿 - 악을 칭찬하고 선을 트집 잡고 상대방을 헐뜯는다.

8. 험險 - 선악에는 상관없이 애교를 부려가며 상대방에게 아양 떤다.

성공과 실패에
흔들리지 않는다

성공한다 해도 우쭐하지 않고, 실패한다 해도 푸념하지 않는다

—

《채근담》은 다음과 같이 가르치고 있다.

"주체의식을 단단히 확립하여 밖의 어느 것에도 지배되지 않는다면, 혹 성공한다 해도 우쭐해지는 일이 없을 것이며, 실패한다 해도 푸념하고 꿍꿍거리지 않게 된다. 이 세상 어디를 가나 유유한 태도로 대처할 수가 있다. 주체성을 잃고 바깥바람에 휘둘리기만 한다면 벽에 부닥치면 화를 내고, 어쩌다 잘되면 거기에 집착하고, 사소한 것에도 속박되어 자유를 잃게 된다."

세계적으로 유명한 음악가를 동생으로 둔 목수 형이 있었다. 그에게 십장이 말했다. "동생이 세계적인 음악가이니 얼마나 영광스러운가?"

이렇게 말하다 혹시 그의 기분을 상하게 만들었는지도 모르겠다고 생각해서 다음과 같이 덧붙여 말했다.

"하기야 한 집안의 형제가 모두 다 뛰어난 재능을 갖기는 어려운 법이지."

목수가 대답했다.

"맞습니다. 내 동생은 집을 어떻게 짓는지를 전혀 모르거든요. 그가 돈이 있어서 다른 사람을 사서 집을 짓게 할 수 있으니 다행이지요."

성당을 짓는 현장에서 일하는 사람에게 물었다.

"당신은 무엇을 하고 있습니까?"

그는 이렇게 대답했다.

"나는 그저 진흙을 가지고 벽돌을 만들고 있습니다."

또 다른 사람에게도 같은 질문을 던졌다.

"당신은 무엇을 하고 있습니까?"

"나는 돈을 받고 나무를 잘라서 판자를 만들고 있습니다."

벽돌을 쌓고 있는 세 번째 사람에게도 "당신은 무엇을 하고 있습니까?" 하고 물었다. 그는 어깨를 으쓱거리면서 대답했다.

"나요? 나는 웅장한 성당을 만들고 있답니다."

오만한 인간의 자부심은 비웃음과 경멸을 낳는다

—

체스터필드는 아들에게 다음과 같이 충고했다.

"아무리 훌륭한 사람이라도 사람들에게 존경받으려면 일종의 위엄이 있어야 한다는 것을 너에게 말해주련다.

주책없이 놀고 까불고 자주 큰 소리 지르며 껄껄 웃어댄다, 농담을 일삼는다, 어릿광대짓을 한다, 또는 함부로 이놈도 좋다 저놈도 좋다 하며 무골호인이 되는 것은 위엄이 있는 행동이 아니다. 이런 태도를 일삼는다면 제아무리 지식이 풍부한 사람이라도 존경받기 어렵다. 반대로 웃음거리가 되기 십상이다.

명랑한 것은 좋다. 그러나 밑 빠진 솥처럼 함부로 웃고 다니는 사람은 존경받지 못한다. 고작 주위 사람들에게 아첨꾸러기니 꼭두각시 소리를 듣기 쉽다. 신분이 낮은 사람에게 너무 친밀하게 대하면 상대방은 오해하고 오히려 기어오르려고 할 것이다. 농담도 그렇다. 농담을 일삼는 사람은 연극판의 도화사道化師와 하나도 다름이 없다. 사람들이 감탄하는 재치와는 거리가 멀다.

한마디로 자기의 본래 성격이나 태도와는 관계없는 이유로 환영받고 또 한 패거리에 끼게 되는 사람은 결코 존경의 대상이 되지 못한다. 그저 적당히 이용만 당하고 마는 것이다.

우리는 곧잘 이런 말을 한다. 저 사람은 노래를 잘하니까 우리 패거리에 끼워주자, 춤을 잘 추니까 파티에 초대하자, 늘 농담을 잘하고 즐거우니까 식사를 같이하자, 혹은 저 사람은 부르지 말자, 어떤 게임에도 당장 너무 열중해버리니까, 당장 술에 취해버리니까 등등의 말을 하기도 한다.

이런 것은 칭찬도 아무것도 아니다. 거꾸로 흉을 보는 것과 다름이 없다. 혹 정당하게 평가받는다 해도 조금도 존경받는 게 아니다. 한 가지 이유만으로 같은 패거리에 끼어들게 되는 사람은 그 외의 존재 가치란 없는 것이다. 따라서 혹 다른 장점이 있다 해도 존경의 대상은 되지 못한다.

그렇다면 어떤 것이 위엄 있는 태도일까? 위엄 있는 태도란 거드름 부리는 태도와는 다르다. 다르다기보다 상반된다고 말하는 편이 좋을 것이다. 그것은 목에 힘을 주고 뽐내는 것이 용기가 아니며, 농담이 재치가 아닌 것과 같다.

거드름 부리는 태도처럼 품위를 떨어뜨리는 것은 없다. 오만한 인간의 자부심은 노여움을 낳지만, 때로는 그 이상으로 비웃음과 경멸을 낳는다. 그것은 지나치게 비싼 값으로 물건을 팔려는 상인과 비슷하다. 그런 상인에게는 우리도 엄청나게 싼 값을 부른다. 그러나 정당한 값으로 팔려는 상인에게는 싸움을 걸지 않는다.

위엄 있는 태도란 멋대로 허풍을 떠는 것이 아니다. 팔방미인처럼 꼬리를 흔들고 다니는 것도 아니다. 반대로 어떤 경우에도 대들지 않는다. 귀가 따갑도록 말싸움을 거는 것도 아니다. 자기 의견은 조심스럽게 그리고 분명하게 말한다. 그리고 다른 사람들의 말에는 순순히 귀를 기울인다. 이런 자세가 위엄 있는 태도라 할 수 있을 것이다.

외면적으로 위엄을 갖출 수도 있다. 얼굴 표정이나 동작에 그럴듯한 분위기를 띠는 것이다. 팔팔한 재치며 점잖은 명랑함을 가미해도 좋다. 반대로 빈둥거리거나 차분하지 못한 몸짓은 아무래도 경망스럽다는 느낌을 준다.

이렇게 겉으로 위엄이 있는 것처럼 꾸민다 해도, 또 늘 눌려 지내온 사람이 아무리 발버둥 친다 해도 용기 있는 사람으로는 보이지 않는 것과 마찬가지이다. 못된 짓에 찌든 사람이 위엄 있는 사람으로 보이기는 어려울 것이다. 그러나 그런 사람도 예의 바르게 행동하고 당당한 자세를 지킬 수 있다면 추한 꼴이 덜할 것이다."

마음 편히 사는 게
제일이다

'사람은 왜 사는가?'와 '행복이란 무엇인가?'라는 질문에는 답이 없다

—

　　　　육유는 29세에 과거에 합격한 뛰어난 시인이었지만, 공교롭게도 당시의 세력가인 재상의 미움을 받아 관운과 멀어져 평생 말단직에 머무르는 불우한 일생을 보냈다. 그래서 자식들에게는 농사를 짓고 마음 편히 사는 게 제일이라고 일렀다.

　　"사회는 날이 갈수록 어지러워지기만 하고 앞으로 어떻게 될지 걱정이다. 다행히 나는 이미 늙어서 죽을 때가 다가왔다. 설사 좀 더 오래 살 수 있다 해도 두 번 다시 관직 따위는 하지 않겠다. 그러나 내 마음에 걸리는 것은 자손의 앞날이다. 그래서 아무래도 너희에게 똑같은 말을 되풀이해주지 않으면 안 되겠다.

우리 집안은 대대로 농사를 지어왔다. 너희도 농사를 지으며 생계를 잇는 것이 제일 좋겠다. 그게 어렵겠다면 두문불출하고 학문 연구에 몰두하고, 혹 추천을 받더라도 관직은 맡지 않는 게 차선의 길이다. 이것도 어렵다면 말단직을 감수하고, 그 이상의 출세를 하지 않는 것이 바람직하다. 그 밖의 길은 생각할 수가 없다.

너희들은 이 말을 명심하고 부디 다른 길을 걷겠다는 생각은 하지 말라. 왜 내가 이런 말을 하는지 언젠가 너희도 알게 될 날이 올 것이다. 틈을 봐서 형제가 모여서 서로 충고를 나누도록 하라. 단, 다른 사람들에게까지 같은 삶의 길을 걸으라고 강요할 필요는 없다.

나는 조상의 유산을 물려받은 덕분에 그다지 가난하지 않게 살 수가 있었다. 아마 중류 정도의 생활이라 할 수 있을 것이다. 벼슬자리에 오르고 순탄하지는 않았지만 그렇다고 해서 언제나 남에게 뒤진 것도 아니다. 그러나 지난날을 돌이켜보면 몸에 날아오는 불길을 굳이 피하려 하지 않았으며, 또한 천분天分도 모자란 데다 봉급을 타면 당장 써버리곤 했다. 이제는 관직에서 물러난 지 오래되어 찾아오는 사람도 드물지만 지금 상태에 매우 만족하고 있다. 남들은 알아주지 않지만 너희만은 이 심정을 잘 이해해주리라 생각한다."

육유는 유언에서 남의 원한을 사지 말라고 타이르고 있다.

"나는 평소에 남을 한 번도 해친 적이 없다. 그래도 남에게서 해를 받은 적은 있다. 그것은 상대방이 시기했거나, 나에 대해 오해했거나, 아니면 나를 해치는 것이 바로 상대방의 이익이 되는 경우였다. 그런 상대방의 마음을 이해하지 못하는 것은 아니다. 그런 상대를 원망하지도 말고, 그저 그런 경우에 빠지지 않도록 조심하기만 하면 되는 것이다. 특히 이쪽을 의도적으로 해치려는 사람은 상대하지 않으면 된다.

너희는 무엇보다도 첫째 스스로 과오를 저지르지 않도록 노력할 것, 둘째 자기의 뛰어난 점을 내세우지 말 것, 셋째 높은 사람과는 친교를 맺지 말 것 등 이 세 가지를 지켜나가도록 하라. 그러면 너를 해치고자 하는 사람도 줄어들 것이다. 나 자신은 이제 와서 새삼스레 후회한다 해도 돌이킬 수 없는 일이다. 너희는 내 꼴이 되지 않도록 조심하기를 바란다."

이 세상에서 가장 어려운 문제는 '사람은 왜 사는가?'와 '행복이란 무엇인가?'일 것이다. 해답은 사람마다 다르다. 어느 것이 가장 옳은 해답인지 판단하는 기준도 가지각색이다. 육유는 자식들이 무능하기 때문에 농사나 짓고 살라고 이르지는 않았다. 그도 당초에는 세속적인 욕심이 없지 않았을 것이다. 다만 오랫동안 쓰라린 세파에 시달린 끝에 마음 편히 사는 게 제일이라는 결론에 도달했을 것이다. 그러나 세속적인 보통 사람들이란 쥐꼬리만 한 권력, 알량한 명예, 또는 명성을 꿈꾸다 만다. 그들에게 부귀영화처럼 화려한 꿈은 없다. 그들은 마음의 행복을 팔아서라도 부귀영화를 누리고 싶어 한다

명예를 얻으려면 남의 도움이 필요하지만, 훌륭한 행실은 자기에게 달렸다
—

정현鄭玄은 한나라 때의 대학자이다. 그는 젊어서 비록 말단

이기는 하지만 벼슬자리에 올랐으나, 학문의 길을 걷겠다는 일념으로 관직을 버리고 전국을 돌면서 뛰어난 학자들을 찾아다니며 학문을 연마했다. 그는 70이 넘어서 죽음을 앞두고 외아들에게 다음과 같은 유서를 남겼다.

"우리 집안은 원래가 가난했다. 나도 한때 지방의 말단 관리가 되었지만 집안의 승낙도 받지 않은 채로 관직을 버리고 전국의 이름 있는 명사와 학자들, 또는 큰 업적을 쌓은 명사들을 찾아다니면서 배웠다. 40이 넘어서 고향으로 돌아와서 부모를 모시기로 하고 논밭을 가꾸며 자적의 생활을 하기 시작했다.

그런데 뜻하지 않게 환관들이 일으킨 사상 탄압 사건에 말려들어 14년 동안이나 옥에 갇히게 되었다. 다행히도 조정의 인재 추천 제도가 정비되어 나도 대사령으로 풀려나고 조정의 초청을 받았다. 이때 나와 함께 추천된 사람들 중에 나중에 재상이 된 사람도 몇 명인가 있다. 다만 그들은 모두 훌륭한 인물인 데다 국정의 책무를 잘 이행할 만했기 때문에 재상이 될 수 있었던 것이다. 나 자신은 그럴 만한 조건이나 자격을 갖추지 못했다. 왜냐하면 나는 선현의 가르침을 넓히는 일과 제자백가의 서적을 정리하는 일에 내 능력과 정성을 다 쏟으려 했기 때문이다. 그래서 조정의 부름을 받아도 굳이 사양했던 것이다.

이윽고 황건의 난을 맞아 나도 남북으로 떠돌이 생활을 거듭한 끝에 다시 고향에 돌아왔을 때는 이미 70이 되어 있었다. 이제는 한때의 뜻도 쇠퇴하고 판단력도 무디어졌다. 경전의 가르침에 의한다면 자식에게 집안을 넘겨줄 나이가 된 것이다.

아들아, 나는 이제는 연로해졌기 때문에 너에게 집안 살림을 맡기고 내 마음 내키는 대로 마음 편히 살면서 학문 연구에나 전념하려고 한다. 그러니까 나라 임금의 초청에 응하거나, 일가친척의 의논 상대가 되어주거나, 조상의 성묘를 하거나 들에서 산책을 즐기는 일 이외에는 지팡이를 짚고 바깥나들이 하는 일도 없을 것이다.

너는 외아들인 만큼 서로 돕는 형제도 없다. 그러나 오로지 군자다운 생활 방식을 따르도록 힘쓰고, 학문의 연마를 게을리하지 말라. 그러면 조신하고 위엄이 있으며 유덕한 인물이 될 수 있을 것이다.

영예를 얻는 데는 가까운 벗이며 동료의 도움이 필요하지만, 훌륭한 행실을 한다는 것은 자기 자신의 마음먹기에 달려 있는 것이다. 만약에 네가 사람들에게 칭송받을 만한 인물이 될 수 있다면 그것은 너 자신만이 아니라 아비인 나의 영예이기도 하다. 이 점 명심하기를 바란다.

나는 처음부터 높은 관직에 오르는 것을 원하지 않았다. 다만 굳이 조정의 부름을 사퇴하고 선현의 업적을 넓히는 것을 최고 인생의 낙으로 삼았으며, 나 나름 어지간한 명성과 공적도 남겼다고 자부한다. 무엇보다도 후세 사람들에게 손가락질받지는 않을 것이다. 다만 한 가지 마음에 걸리는 것은 돌아가신 양친의 묘소를 아직 마련하지 못했다는 것이다.

내가 가지고 있는 책들은 모두 잡서들뿐이다. 그러니 도서관에 기증할 만한 것이 못 되며, 갖고 싶어 하는 사람들에게 그냥 나눠주면 된다.

인생의 황혼길에 접어든 지금 앞으로 어떻게 될지는 모르겠다. 다만 우리 집안은 옛적과는 사뭇 달라져서, 노력만 게을리하지 않는다면 허기와 추위 걱정은 없을 것이다. 앞으로는 음식과 의복의 두 가지에 사치를 삼가도록 조심하라. 그렇게만 한다면 나로서는 더 할 말이 없다."

그가 아들에게 바란 것은 무엇보다도 '군자답게 행동하라'와 '검소하게 살아라' 등 두 가지였다. 그 자신은 학자였으며 끝까지 학자다운 기골을 지켜나갔지만, 아들에게 "너도 나와 같은 학자가 되어라"라고 이르지는 않았다.

속물이 귀를 씻은 물이라면 더러워서 내 소에게 먹이고 싶지 않다
—

요임금은 70년 동안 천하를 다스렸다. 이제는 천자 자리를 물려줄 때가 되었다고 생각했지만 자식이 천자감이 되지 못한다고 생각했다. 그는 덕 있는 인사에게 양위하려고, 현자라는 평판이 자자한 허유許由를 만났다. 그러나 허유는 "정치 따위에 손댈 마음이 없습니다"라면서 산속에 숨었다. 그래도 단념하지 않은 요임금은 두 번 세 번 허유를 불러서 "천하를 맡는 게 싫다면 지방 장관이라도 맡아주시오"라고 간청했다.

허유는 그것도 거절하고는 더러운 말을 들었다면서 시냇가에 가서 귀를 맑은 물로 씻었다. 이때 소부巢父라는 목동이 같은 시냇가에서 소에게 물을 먹이다가 허유가 귀를 닦는 이유를 물었다. 허유는 대답했다.

"나는 높은 지위에 오를 욕심이 티끌만치도 없는데 요가 짓궂게 맡으라고 말하니 귀의 때를 깨끗이 닦으려 하는 것이다."

그러자 소부가 정색을 하고 말했다.

"정말로 요의 청을 거절하고 싶다면 왜 당장 발견될 수 있는 곳에 살고 있는가? 더 외딴 곳에 숨어 살면 되지 않는가? 그러면 요도 단념할 것이 아닌가? 그런데 당신은 일부러 사람 눈에 띄기 쉬운 곳에 옮기고 요가 자기를 찾고 있다는 것, 그리고 자기가 그것을 거절하고 있다는 것을 세상에 알리면서 자기의 명성을 높이려 하고 있을 뿐이다. 나는 지금까지 당신이 현자인 줄로만 알고 있었는데, 가만히 보니 당신은 천하를 다스릴 만한 자신이 없는 주제에 명성만을 탐내는 속물일 뿐이군그래. 그런 속물이 귀를 씻은 물이라면 더러워서 내 소에게 먹이고 싶지 않다."

이렇게 말하면서 소부는 소를 끌고 상류로 올라가서 물을 먹였다.

몰래 베푸는 은덕은
좋은 대가가 있다

자기는 은혜를 베풀지 않으면서 남의 은혜를 먼저 바라지 마라

—

　　다산은 이렇게 아들들을 훈계했다.

　"너희는 편지마다 일가친척 중 한 사람도 궁휼히 여겨 돌봐주지 않는다고 개탄하고 있는데, 그것은 하늘을 원망하고 사람을 미워하는 마음에서 나온 것이니만큼 여간 큰 문제가 아니다. 너희는 내가 벼슬하고 있을 때 뭇사람들이 너희를 구메구메 돌보아주는 데 젖어서 항상 은혜를 베풀어주는 사람이나 바라고 너희의 본분을 망각하고 있는 것이다.

　예나 지금이나 남의 도움이나 받고 살아서는 안 되는 것이다. 특히나 우리 집안은 비록 폐족이라 해도 다른 집안에 비한다면 오히려 잘 사는 편이다. 그렇다고 우리보다 못한 사람을 도와줄 형편은 못 되지만, 남이 돌보아주기를 바란다거나 도움을 기다릴 정도로 가난하지는 않지 않으냐.

만약 너희가 마음 가운데서 남의 은혜를 받고자 하는 생각을 버린다면, 저절로 마음이 평안하고 기분이 화평해지고, 하늘을 원망한다거나 사람을 원망하는 그런 병통은 없어져버릴 것이다. 날마다 밥을 끓이지 못하는 집이 많을 텐데, 너희는 쌀되라도 퍼 가 굶주림을 채워주기라도 하고 있느냐? 눈이 쌓여 얼어붙어 있는 집에 장작개비라도 나누어주어 조금이라도 따뜻하게 살게 하고, 병들어 누워 있는 사람들에게 한 푼의 돈이라도 쪼개서 약을 처방해 일어날 수 있도록 도와주고, 가난하고 외로운 노인이 있는 집에는 때때로 찾아가 따뜻하고 공손한 마음으로 공경이라도 하느냐? 근심 걱정에 싸여 있는 집에 가서는 같이 근심 걱정을 나누고 함께 어려움을 해결하도록 의논이라도 한 적이 있느냐? 이런 일도 하지 않으면서 어떻게 너희가 위급할 때 다른 집에서 깜짝 놀라 허겁지겁 달려오기를 바랄 수 있겠느냐?

남이 어려울 때 자기는 은혜를 베풀지 않으면서 남이 먼저 은혜를 베풀어주기만 바란다는 것은 너희가 지닌 그 오기 근성 때문이다. 이후에는 평상시에 일이 없을 때라도 항상 공손하고 화목하며 삼가고, 자기 마음을 다하여 다른 집안의 환심을 얻는 일에 힘쓸 것은 물론이려니와 마음 가운데 보답받을 것을 생각조차 하지 말라. 그래야만 뒷날 너희가 근심 걱정할 일이 있을 때 다른 사람이 보답해주지 않다고 회한을 품지 않게 될 것이고, 곧바로 용서하는 마음이 생겨 그분들이 마침 도울 수 없는 사정이 있거나 도와줄 힘이 미치지 않기 때문이구나 하고 마음이 너그러워지는 것이다. 가벼운 농담일망정 '나는 지난번에 이렇게 저렇게 해주었는데 저들은 이렇구나!' 하는 소리를 입 밖에 내뱉지 말아야 한다. 만약 이러한 말이 한 번이라도 입 밖에 나오게 되면 지난날 쌓아놓은 공과 덕이 하루아침에 바람에 쭉정이가 날아가듯 사라져버리고 만다."

여기서 다산은 '은덕양보隱德陽報'를 말하고 있었다. 사람에게 알리지 않고 베푸는 은덕은 반드시 좋은 대가가 있다는 것이다.

어리석은 인간이라도 남의 행위를 나무랄 때는 정곡을 찌른다

―

손자孫子의 병법에 "적을 알고 나를 알면 백전도 두렵지 않다"라고 적혀 있다. 싸움에 이기려면 적만 알면 충분치 않다. 자기를 알아야 한다.

송나라 명신인 범순인范純仁은 이렇게 자손들에게 훈계를 내렸다.

"아무리 어리석은 인간이라도 남의 행위를 나무랄 때는 정곡을 찌른다. 아무리 총명한 인간이라도 자기 행위에 대해서는 무디어진다. 따라서 너희들은 사람들을 탓할 때는 자기 자신의 행위를 체크하고, 너 자신에게 하는 관용의 눈으로 사람의 행동을 용서하는 게 좋다."

송나라와 정나라가 결전을 벌이기 전야에 사병들의 사기를 높이기 위해 송나라의 대장인 화원華元이 장병들에게 두루 양고기를 지급했다. 그러나 화원의 전차를 모는 사병에게만은 지급되지 않았다. 누군가가 이유를 묻자 화원은 대답했다.

"전차의 몰이꾼 따위에게까지 줄 필요는 없을 것이다."

다음 날 아침 양군의 결전이 벌어졌는데 좀처럼 결판이 나지 않았다. 화원은 전차몰이에게 명령을 내렸다.

"전차를 적의 병력이 적은 오른쪽으로 몰아라."

그러나 전차몰이는 전차를 적의 병력이 밀집되어 있는 왼쪽으로 달렸다. 당황한 화원이 소리 질렀다.

"어디로 달리려는 것이냐?"

전차몰이는 이렇게 대답했다.

"어제 양고기 건은 당신의 의사이며, 오늘 내가 하는 것은 내 생각입니다."

결국 화원은 적군의 포로가 되었고, 대장을 잃은 송군은 대패하고 말았다.

훌륭한 인물을 골라서 교제하고, 좋지 않은 인물과는 어울리지 마라

—

자하의 제자가 어떤 사람과 어울리면 좋은지 자장에게 물었다. 그러자 자장이 되물었다.

"자하는 어떻게 가르치던가?"

"훌륭한 인물을 골라서 교제하고, 좋지 않은 인물과는 어울리지 말라고 이르셨습니다."

"그런가? 나는 스승께 이렇게 배웠다. 유덕한 사람에게는 경의를 품는 동시에 쓸모가 없는 사람에게도 관용을 베푸는 게 군자라고. 가령 이쪽 덕이 높으면 상대가 어떤 사람이라 해도 받아들일 수 있다. 만약에 또 내가 부족한 사람이라면 상대방이 받아들이지 않는다. 그러니 굳이 사람을 골라 사귈 필요가 없을 것이다."

《논어》에 나온다.

《예기》에는 이렇게 적혀 있다.

"사람이 사람다워지는 기본은 예의에 있다. 그리고 예의의 기본은 다음과 같다.

첫째, 용체容體를 바로 한다. 자세, 태도, 걸음걸이를 가지런히 한다. 바르지 않은 자세와 단정하지 않은 걸음걸이는 몸에 좋지 않고 주위에 좋지 않은 인상을 준다. 또 자세와 걸음걸이를 바르게 간직함으로써 내면의 모습도 바로잡을 수 있다는 장점도 있다. 자세는 되도록 곧게 유지하고 걸음걸이는 경쾌하게 한다.

둘째, 안색을 가지런히 한다. 웃을 때 이를 드러내지 않고, 슬퍼할 때도 흐트러지지 않는다.

셋째, 사령辭令을 흐트러뜨리지 않는다. 말을 조심하지 않고, 올바른 인사법도 모르고, 남에게 무엇을 부탁할 때의 올바른 자세를 모른다면 사회인으로서는 실격이다. 사람들보다 높은 지위에 오르는 것은 쉬운 일은 아니다. 그러나 높이 올라간 지위를 지키는 것은 더욱 어려운 일이다."

흔히 사람은 절차탁마해야 한다고 말한다. 상아나 구슬을 끌로 갈고 돌을 다듬듯이 정성 들여 수련을 쌓는 노력이 있어야 한다. 그것은 자기 혁신을 위한 노력을 말한다.

군자의 겉모습은 세 번 변한다. 이렇게 자하가 말했다.

"군자는 세 번 모습을 바꾼다. 멀리서 볼 때는 가까이하기 어려운 위엄이 있다. 친하게 접해보면 그 인품의 따스함이 전해온다. 더욱이 말을 씹어보면 그 말의 엄숙함을 알게 된다."

《논어》에 나오는 공자의 인품은 온화하면서도 엄격하고, 위엄이 있으면서도 위압감이 없으며, 예의 바르면서도 거북하지 않았다.

제나라의 경공景公이 평화 교섭을 한다고 위장하고 노나라의 정공定公을 암살하려다 공자에게 발각되어 실패로 돌아갔는데, 경공은 귀국 후에 신하를 모아놓고 야단쳤다.

"노군에는 군자의 도를 아는 신하가 뒤에 있다. 그런데 내 쪽에는 이적夷狄의 도밖에 모르는 신하뿐이어서 나는 창피만 당하고 말았다. 그러니 노에 대해 어떻게 결판을 내야 옳겠느냐?"

한 신하가 대답했다.

"잘못을 저지르면 소인은 말로 얼버무립니다. 그러나 군자는 성의를 다해서 사죄합니다. 만약 이번 일을 부끄럽게 여기신다면 성의를 다해서 노나라에 사죄하는 게 좋을 듯합니다."

이 말을 듣고 경공은 노나라에서 빼앗은 땅들을 모두 돌려주며 깊은 사죄의 뜻을 보여주었다.

인생의 마지막 손질은
자신이 한다

관 뚜껑을 닫아야 비로소 그의 인생을 판단할 수 있다

—

　　두보가 불우한 친구의 아들인 소계蘇溪에게 다음과 같은 시를 써주었다.

　"근처에 있는 도랑이나 꺾인 오동나무를 보아라. 썩어빠진 낡은 재목이라도 손질만 잘하면 거문고를 만들 수가 있으며, 적고 낡은 물이라도 교룡蛟龍을 담아둘 수가 있는 것이다. 자네는 그런 오동나무나 용과 같다.

　인간이란 관 뚜껑을 닫을 때 비로소 그 성패가 결정되는 것이며, 사소한 불운이나 실패에 굴복해서는 안 된다. 자네는 아직 젊다. 일을 하는 것은 이제부터가 아니겠는가. 왜 의기소침해서 산속에 숨어 살려고 하는가? 자네와 같은 인물은 심산유곡에 갇혀 있어서는 안 된다. 그곳은 천둥이며 마물이 사는 데다 광풍마저 부니 빨리 빠져나 와라."

두보는 이렇게 소계를 위로하고 격려했지만 사람의 운명이란 뜻대로 되는 것이 아니다. 그래서 관 뚜껑을 닫아야 비로소 그의 인생을 판단할 수 있다고 두보가 말한 것이다. 우연과 필연으로 얽어지는 사람의 운명이란 참으로 야릇한 것이다. 합리적으로 해석되는 부분보다도 비합리적으로 해석되는 부분이 더 많다고 여겨질 때도 많다.

동양에서는 예부터 이런 것을 하늘의 뜻으로 돌렸다. 전혀 비합리적인 것은 합리적으로는 설명할 길이 없기 때문이다. 중국 사람들이 좋아하는 말에 '낙천지명樂天知命'이라는 게 있다. 원래는 《역경》에 나오는 말이라고 한다. 하늘의 뜻이란 사람이 어쩔 수가 없다. 우리는 흔히 운명이니 운이라고 말하지만, 아무리 노력하고 아무리 바둥거려도 어쩔 수 없는 것이 하늘의 뜻이며 하늘의 명이다. 이렇게 자각하고 있으면 어떠한 역경에 빠져 있어도 발버둥 치며 괴로워하지 않을 수 있을 것이다. 불행이나 악운을 모두 하늘의 뜻이라 여기고 순순히 받아들인다면 어떠한 괴로움과 슬픔도 견디어낼 수가 있을 것이다. 이것이 낙천지명의 참뜻이다.

한나라의 고조 유방이 말년에 화살에 맞은 상처가 도져서 죽게 되었다. 천하의 명의가 와서 그를 진단하려 하자 유방은 이렇게 말했다.

"내가 일개 서민의 몸으로 천하를 잡게 된 것은 천명이다. 이제 죽음을 맞게 된 것도 천명이다. 사생유명死生有命이니 어떠한 용한 의사라 해도 천명만을 어찌하지 못한다."

그러면서 치료를 거부하고 상만 내리고 내보냈다.

사람이 운명을 따르지만 적어도 마지막 손질은 자신이 하는 것이다

—

《명심보감》에도 '부귀는 재천'이라는 말이 나온다.

"부귀가 지력으로만 얻어지는 것은 아니다. 만약 부귀를 지력으로만 얻을 수 있는 것이라면 공자 같은 이는 젊어서 이미 제후 자리에 올라앉아 있어야 마땅한 일이었다. 새삼 사람은 저 푸른 하늘이 정해놓은 뜻, 곧 운명이 있다는 것을 알아야 한다. 그렇지 못하니까 헛되이 마음과 몸을 썩히면서 밤중에도 잠을 이루지 못하고 시름하게 된다."

냉혹할 정도로 현실주의자였던 마키아벨리도 운명을 믿었다. 그는 이렇게 말한 적이 있다.

"이 세상에서 일어나는 일들은 모두 운명과 신의 뜻에 좌우된다고 하는, 동서고금을 통해 지배적인 의견에 나도 찬성하지 않는 것은 아니다.

설사 인간이 아무리 생각을 깊이 해도 숙명을 바꾸지는 못하며, 오히려 대책을 강구한다 해도 결국은 헛일이 될 뿐이라고 많은 사람들은 여겨왔다. 따라서 공연히 땀을 흘리며 고생할 필요 없이 운명이 이끄는 대로 몸을 맡기는 게 영리한 짓이리라.

특히 인간의 상상을 초월한 세상의 변화를 매일같이 체험하는 오늘날(16세기)에는 이런 의견이 더 설득력을 가지고 있는 듯하다. 나 또한 오늘을 살고 있는 이상 때로는 이런 생각을 편들고 싶어지기도 한다."

엊그제까지도 멀쩡하던 사람이 갑자기 죽고, 똑같이 차 사고를 당했는데 죽는 사람이 있고 살아남는 사람이 있는 것을 보면 분명 천명이 있다고 볼 수밖에 없다. 부잣집에서 태어나서 죽는 날까지 고생 한번 해보지 않은 사람이 있는가 하면, 남 못지않게 재능도 있고 노력도 하는데 하는 일마다 뜻하지 않게 실패로 돌아가는 사람도 있다. 그런 것을 보면 정말로 운명이니 팔자라는 게 있는 것인지도 모른다. 그렇다면 자기 운명에 대해서 사람은 전혀 발언권이 없는 것일까? 그렇지는 않을 것이다. 성공하는 사람에게는 그럴 만한 인위적인 이유가 있을 것이며, 실패하는 사람에게도 그럴 수밖에 없는 이유가 있을 것이다. 만약 정말 모든 것이 천명에 의해 정해져 있다면 살맛도 없어질 것이다. 사람이 정말 운명을 따르기 마련이라 해도 적어도 마지막 손질은 사람이 하는 것이다.

《채근담》은 인생에 가장 중요한 것은 마지막 마무리라고 말하고 있다.

"젊었을 때는 품행이 난잡하던 노리개 여자라도 느지막하게 좋은 남편을 만나 함께 깨끗한 생활을 한다면 젊은 시절의 추한 허물들을 아무도 흉보지 않게 된다. 그런가 하면 젊은 시절에는 정절 덩어리였던 여자가 흰머리가 눈에 띄는 나이가 되어 정절을 지키지 않는 야한

생활을 하게 되면 지금까지 깨끗한 생활을 해오던 고생도 무의미하게
된다."

그래서 만절晩節이 중요하다는 것이다.

태만하거나
꾀를 부리지 마라

무엇인가를 낳는 행동이 아니면 행동이라고 할 수 없다
—

체스터필드는 또 이렇게 아들에게 말했다.

"태만에 대해서 말하고 싶은 게 있다. 나의 애정은 너도 잘 알다시피 어머니의 애정과 다르다. 나는 자식의 결점을 눈감아주지 않는다. 그 반대이다. 결점이 있다면 재빨리 발견한다. 그것이 아비로서의 나의 의무이며 특권이라고 생각하기 때문이다. 한편 지적받은 것을 바로잡으려 노력하는 것이 자식으로서의 너의 의무이자 권리라고 생각한다.

다행히 지금까지 내가 관찰한 바로는 너는 성격 면에서나 두뇌 면에서나 이렇다 할 문제가 없다. 다만 자못 태만한 데가 있고, 주의력이 산만하고 무관심한 데가 있는 듯이 여겨진다. 그런 것은 육체적, 정신적으로 쇠퇴한 노인이라면 모를까 – 왜냐하면 인생의 황혼기에 접어든 노인이 편안한 여생을 보내고 싶어 하는 것은 어쩔 수 없는 일이니까 – 젊은이는 결코 용서받을 수 없는 일이다.

젊은이는 남보다 출중해지겠다, 빛나겠다고 마음먹어야 한다. 민첩하고 행동적이어야 하며, 무엇을 하든 끈기가 있어야 한다. 카이사르도 '무엇인가를 낳는 행동이 아니면 행동이라고 할 수 없다'라고 말했다.

너는 내가 보기에 활기가 모자란 것 같다. 활기가 있어야 비로소 주위 사람들을 즐겁게 만들려고 노력할 수 있고, 남보다 뛰어나려고 하고 빛나려고 한다. 존경받을 만한 사람이 되고 싶다면 그렇게 되기를 바랄 뿐만 아니라 그렇게 되도록 노력해야 하는 것이다. 그러지 않으면 결코 사람들에게 존경받을 만한 사람이 되지 못한다. 사람들을 즐겁게 만들려고 마음을 쓰지 않으면 그렇게 되지 않는 것과 같은 이치이다.

인간은 누구나 자기가 되고 싶어 하는 것은 될 수 있다고 생각한다. 보통의 지력을 가진 사람이라면 능력을 계발하고 집중력을 키우고 노력을 게을리하지 않는다면(시인은 제쳐놓고) 되고 싶은 것이 될 수 있다.

너는 앞으로 눈부시게 변화하는 큰 사회의 일원이 된다. 그러기 위해서 지금 해야 할 것은 무엇인가? 그것은 세계의 움직임과 사회의 구조, 내 나라며 세계의 역사 등 장래 도움이 되는 지식을 쌓는 것이다. 모두 웬만한 두뇌를 가진 사람이 웬만큼의 힘을 쏟는다면 정통할 수 있는 것들뿐이다. 그것을 못한다는 것은 있을 수 없는 일이다. 무엇을 하면 좋은지 알면서도 하지 않는 것은 태만일 뿐이다."

고생을 하면 마음이 닦아지고, 편하게 있으면 게으름이 생긴다
—

증국번이 아들에게 보낸 편지에서도 태만하지 말라고 이르고 있다.

"너의 편지를 받아보니 아직도 글솜씨가 시원치 않다. 너도 올해 18세요, 어엿한 어른이 되었는데, 품수品數를 보니 아직 학문은 자라지 못한 것 같다. 길생이라는 젊은이는 올해 과거를 보기 위해 현학에 들어갔는데, 그가 쓴 시가 학교에서 첫째가 되었다고 한다. 그는 너보다 한 살밖에 많지 않다. 그는 조실부모하여 생활이 어려운 가운데서도 열심히 학문의 길을 닦아서 소년의 몸으로 벌써 두각을 나타낸 것이다.

너는 다행히 조부가 남겨주신 재산 덕분에 의식주 걱정 없이 편히 자랐기 때문에 사치스러운 생활에 젖어, 학문으로 입신출세하려는 노력을 하지 않게 되었나 보다.

옛말에 이런 게 있다. '고생을 하면 마음이 닦아지고, 편하게 있으면 게으름이 생기게 된다.' 맹자도 이렇게 말했다. '우환을 겪어야 살아남을 수 있다. 안락한 생활에 버릇 들면 오히려 목숨을 잃게 된다'라고. 너는 너무 고생을 모르고 자란 것이 아닌가 걱정이 된다.

너도 아내를 맞았지만 네 아내도 부엌에서 국 정도는 손수 만들게 하라. 베 짜기 같은 것도 단단히 배우게 하라. 귀엽게 자란 양가의 여자라고 해서 그런 간단한 손일도 제대로 하지 못한다면 어떻게 하겠느냐?

누이동생들은 제법 천 신발을 만들 수 있게 되었느냐? 며느리며 네 여동생들이 해마다 신발을 한 켤레씩 보내온다. 아마도 효도를 한다는 마음씨로 서로 솜씨를 자랑하는 모양이다. 짠 천으로 옷이며 허리띠를 만들어 보내올 때도 있다. 나는 이런 여자들의 일하는 모습으로 집안이 어떻게 돌아가고 있는지 짐작하게 된다.

나는 군영 생활을 하면서도 학문을 계속하고 있다. 책을 읽고 글을 쓰는 것을 오래도록 중단한 적은 없다. 한 가지 안타까운 것은 나이가 들어 눈이 어두워졌기 때문에 큰 진전을 보지 못한다는 것이다. 너는 이제 20세가 되려 하고 있다. 너에게는 천금 같은 시간이다. 한때도 헛되이 보내지 않기를 바란다.

연전에 산 논밭은 적당한 작자가 나타나면 팔아서 그 돈을 여기로 보내다오. 그 돈으로 이가李家에게 진 빚을 갚으려 한다. 부모가 멀쩡히 살아 있는데 변변한 자산이 없는 것은 매우 안타까운 일이지만 지금은 너 나 할 것 없이 모두가 어려운 상태에 놓여 있다. 항차 나는 나라의 중책을 지고 있는 몸이다. 사사로운 일에 신경 쓸 여유가 없다."

포기하지 말라,
절대로 포기하지 말라

실패를 많이 할수록 현명해지고, 실패는 성공의 원인이 된다

—

마오쩌둥毛澤東의 말에 '착중증지錯中增智'라는 것이 있다. 실패며 잘못을 많이 할수록 현명해진다는 뜻이다. 사람은 좌절과 실패를 겪으면서 성장한다. '패위성인敗爲成因'이라는 말도 있다. 실패는 성공의 원인이 된다는 것이다.

온갖 실패와 고난에도 불구하고 좌절하지 않고 후퇴하지도 않고 단념하지도 않고 꾸준히 노력한 끝에 성공한 예는 수없이 많다.

잘못은 누구나 저지른다. 훌륭한 인물이라도 잘못을 저지를 때가 있다. 다만 소인들은 잘못을 저지르면 그것을 숨기려 하다가 오히려 더 큰 상처를 입게 된다. 큰 인물은 잘못에서 배운 교훈을 살리고, 잘못의 상처를 재빨리 이겨내고 잘못을 고쳐나간다. 큰 인물과 작은 인물, 성공하는 인물과 실패한 인물의 차이는 실패한 다음에 어떻게 하며 얼마나 더 노력하느냐에 있다.

해와 달은 일식과 월식 때문에 오히려 그 위대함이 알려지게 된다. 이것은 《논어》에 나오는 자공의 말이다. 인생을 긍정적으로 살아나가는 사람은 어떠한 실패도 긍정적으로 받아들인다. 빈민굴 출신의 소피아 로렌Sophia Loren은 세계적인 스타가 되기까지 수많은 고생을 겪었다. 그런 그녀가 이런 말을 했다.

"실패에 건배! 당신이 지금까지 경험하지 못했던 가치 있는 인생의 깊이를 이때 비로소 배울 수 있으니까."

수없이 좌절을 겪었던 링컨이 이렇게 쓰면서 고통스러워한 적이 있다.

"나처럼 비참한 사람도 없을 것이다. 내가 좋아질지 아닐지는 나도 알 수가 없다."

그가 7세 때 빚에 몰려 온 가족이 살던 집에서 쫓겨났다. 그래서 집안을 돕기 위해 일하러 나가야 했다. 9세 때 어머니가 죽었다. 그는 집안이 너무나 가난하여 학교를 1년밖에 못 다녔다.

그는 22세 때 상점 점원으로 일하다가 그나마 실직했다. 그는 법률학교에 가고 싶었지만 정식 교육을 받지 못한 그를 받아주는 학교는 없었다. 그는 돈을 빌려서 작은 장사의 동업자가 되었다. 그러나 몇 년 후에 동업자가 급사하고, 그는 이때 걸머진 빚을 갚는 데 17년이 걸렸다.

그 후 그는 주의회에 출마했지만 보기 좋게 낙선했다. 하는 수 없이 다시 시작한 사업이 1년이 못 가서 파산하고 말았다. 2년이 지나 간신히 살림을 꾸릴 만한 여유가 생겨서 한 여인에게 청혼했지만 거절당했다. 그녀보다 앞서 사랑하던 여인도 같은 해에 죽었다. 7년 후에 결혼했지만, 결혼 생활이 대단히 불행했다. 자식 복도 없어서, 아들이 네 명이나 있었지만 18세를 넘긴 것은 한 명뿐이었다.

그는 하원의원에 출마하여 낙선의 고배를 두 번 마신 다음에야 간신히 당선될 수 있었다. 그가 45세 때 상원에 출마했지만 참패하고 말았다. 2년 후에 부통령 후보가 되었지만, 역시 패배의 고배를 마셔야 했다. 그 후 다시 상원에 출마했지만 또다시 낙선했다. 이처럼 보통 사람들은 견디기 어려운 패배와 좌절의 연속과, 이에 따르는 뭇사람들의 비웃음과 비난을 받아가면서 격심한 고독감과 좌절감을 견딘 그는 51세에 대통령이 되었다.

개미는 69번이나 실패한 끝에 70번째에 올라가는 데 성공했다

—

　　　칭기즈 칸Chingiz Khan은 전투에서 크게 패배해 후퇴하면서 군대가 사방으로 흩어졌다. 그 자신은 간신히 포위망을 빠져나가 한 농가에 숨었다. 절망적인 상황이었다.

그가 땅바닥에 엎드려 있는데 가만 보니 개미 한 마리가 우뚝 솟은 흙담 너머로 쌀알을 실어 나르려 하고 있었다. 쌀알은 개미의 몸보다도 컸다. 칭기즈 칸은 그 개미가 어떻게 하는지 궁금해졌다. 개미는 흙담 위로 올라가려다 떨어지고, 다시 올라가려다 또 떨어졌다. 그러기를 69번이나 실패한 끝에 드디어 70번째에 올라가는 데 성공했다.

그것을 보고 칭기즈 칸은 한 번 싸움에 졌다고 해서 이렇게 풀죽어 있을 수는 없다, 내가 개미보다 못할 리 없다고 생각했다. 그리하여 그는 다시 힘을 내어 퇴각했던 군대를 규합한 다음 적을 공격해 이겼다.

역사책을 펴보면 이런 얘기는 수없이 많다. 위대한 발명가며 예술가, 성공한 사업가들 중에 순탄하게 목표에 달성한 사람은 드물다.

처칠은 영어 성적이 나빠서 8학년 때 3번이나 낙제했다. 그는 교장이 고개를 흔들 정도의 문제아이기도 했다. 간신히 육군사관학교에 들어갔지만 성적이 좋지 않아서, 희망하던 보병이 아니라 포병과로 졸업했다. 그런 그가 옥스퍼드 대학의 졸업식에서 축사를 하게 되었다. 그는 평상시와 조금도 다름이 없는 복장으로 식장에 들어왔다. 입에는 시가를 물고 단장을 짚고 모자를 쓰고 연단에 올라오자 참석자들이 일제히 박수를 쳤다.

처칠은 위엄이 넘치는 표정으로 청중의 분위기를 가라앉히고 나서, 시가를 내려놓고 모자를 벗어 연단 위에 올려놓은 다음 잠시 동안 말없이 청중을 둘러보았다. 청중은 그가 어떤 감동적인 말을 할까 하고 숨을 죽이고 기다렸다.

드디어 그가 입을 열었다.

"포기하지 말라!"

그러고는 몇 초 동안 침묵하다가 다시 우렁차게 말했다.

"절대로 포기하지 말라!"

이 한마디만 하고는 처칠은 다시 의연히 모자를 쓰고 시가를 입에 물고 단장을 짚고 천천히 연단을 내려왔다.

위대한 고뇌만큼 우리를 위대하게 만드는 것은 없다

—

독일제국의 초대 재상인 비스마르크Otto von Bismarck에게 어떤 학생이 "지금까지 살아오면서 가장 유익했던 교훈을 가르쳐주십시오"라고 청했다. 비스마르크가 가르친 교훈은 다음과 같은 매우 짧은 것이었다.

"후퇴하지 말라. 그러나 지그재그는 많아도 좋다."

니다불대泥多佛大라는 선어가 있다. 중국의 돈황에 33미터의 대불상이, 26미터가 넘는 미륵보살상이 있다. 옛날에는 나무로 심지를 만들고, 그 위에 진흙을 발라서 불상을 만들었다. 그러니까 진흙이 많을수록 불상도 커진다는 것이다. 고생을 많이 해야 큰일을 할 수 있다는 뜻이기도 하다.

우리는 흔히 고진감래라는 말을 쓴다. 고생 끝에 낙이 온다고 풀이한다. 사실은 고생을 해야 낙을 얻을 수가 있다고 풀이해야 옳을 것이다.

《신음어》에 "참을 인忍과 격분하는 격激의 두 글자는 화복의 갈림길이다"라는 말이 나온다. 서두르지 말고 아무리 힘들어도 진득하게 꾹 참아나가야 한다. 당장 눈앞의 일에 흥분을 참지 못하고 순간적인 감정에 이끌리면 안 된다는 것이다

《채근담》에는 이런 말이 나온다.

"내리막길에 들어섰다는 조짐은 최성기에 나타나며, 새로운 것의 태동은 쇠퇴의 극에 이르렀을 때 나타난다. 순조로울 때는 한층 더 마음을 조이고 이변에 대비하고, 난관에 부닥쳤을 때는 오로지 참고 견뎌서 초지를 관철해야 한다.

하늘의 뜻은 예측할 수 없다. 시련을 주는가 하면 영화를 보증하고, 영화를 보증하는가 하면 또 시련을 내린다. 이래서 제아무리 영웅호걸이라 해도 운명의 노리개가 되기도 하고 좌절하기도 한다.

그러나 훌륭한 인물은 역경에 빠져도 달갑게 받아들이고, 평온무사할 때도 만일에 대비한다. 그러면 하늘도 어쩔 수가 없다.

역경이며 빈곤은 인간을 굳세게 다져주는 용광로와 같은 것이다. 이 속에서 단련받으면 심신이 아울러 강건해진다. 단련받는 기회가 없으면 신통한 인간으로 자라나지 못한다.

오랫동안 웅크려서 힘을 저축한 새는 한번 날면 반드시 하늘 높이 날아오른다. 다른 꽃보다 먼저 핀 꽃은 지는 것도 빠르다. 이 도리를 깨닫는다면 중도에 풀 죽을 필요가 없고, 공을 세우려 서두르고 마음을 졸일 필요도 없다.

복숭아나무와 자두나무는 어여쁜 꽃을 피운다. 그러나 소나무와 떡갈나무의 아름다운 푸름을 당하지 못한다. 배나무와 살구나무에는 단

열매가 난다. 그러나 탱자와 귤의 상쾌한 향기에는 미치지 못한다. 이와 마찬가지로 화려하고 단명인 것은 소박하고 오래가는 것만 못하며, 조숙早熟은 만성晩成에 미치지 못하는 것이다."

바람이 세게 불지 않을 때는 강한 풀이나 약한 풀이나 구별이 안 된다. 그러나 한번 강한 바람이 불면 약한 풀은 당장 땅바닥에 엎어진다. 강한 풀은 당당하게 고개를 쳐들고 있다. 순풍이 불 때는 사람의 진가를 알아낼 수 없다. 사람은 역경을 맞았을 때 진가가 나타난다. 일이 순탄하고 안정되어 있을 때는 패기와 자신감이 넘치고 제법 큰 소리를 치며 당당한데, 한번 위기를 맞으면 당장 풀이 죽는 사람이 많다. 강한 풀과 같은 사람은 역경을 맞을수록 새롭게 비약한다. 이것을 '질풍경초疾風勁草'라고 한다.

불행을 견디지 못하는 것이 불행 중의 가장 큰 불행이다. 헤세Hermann Hesse의 시에는 "위대한 고뇌만큼 우리를 위대하게 만드는 것은 없다"라는 구절이 있다. 문제는 위대한 고뇌를 겪을 만한 인내심이며 용기를 가졌는가 하는 점이다.

플러스 사고를 하면
힘이 솟는다

100리 길을 가는 사람은 90리를 가야 절반을 갔다고 한다
—

　　의욕이 있는 사람은 능력이 있는 사람보다 더 많은 것을 해
낸다. 물론 의욕만 있다고 해서 일에 성공하는 것은 아니다. 그러나
실패할까 두려워서, 또는 잘못을 저지르지나 않을까 하는 걱정이 앞
서서 하지 않았을 때의 후회가 더 크다. 처음부터 실패할까 걱정하고
망설이기만 하면 아무것도 해내지 못한다. 실패를 각오하고 도전하
는 용기와 패기가 있어야 무슨 일이든 해낼 수 있다. 큰 사업을 일으
킨 사람, 큰 발명을 한 사람들은 모두 그랬다. 그들은 모두 낙관주의
자요, 플러스 사고의 소유자들이었다.

　　《전국책戰國策》에는 "100리 길을 가는 사람은 90리를 가야 절반을

갔다고 한다"라는 말이 나온다. 목적지에 거의 다 왔다고 마음을 놓으면 안 된다는 경고이다.

우리나라 속담에는 '시작이 반'이라는 게 있다. 무엇이든지 시작이 중요하다는 것이다. 어떤 일이나 시작이 있어야 끝도 있다. 시작도 하지 않고 100리를 멀다 하면 아무 일도 하지 못한다. 다만 절반을 왔을 때 '벌써 절반을 왔다'라고 생각하는 것과, '아직도 절반이나 남았다'라고 생각하는 것은 큰 차이가 있다. 전자는 플러스 사고이며, 후자는 마이너스 사고이다.

플러스 사고일 때는 '지금까지는 가파른 고갯길이었지만, 이제부터는 더 이상 힘든 고개는 없을 것이다'라고 낙관적으로 생각한다. 마이너스 사고일 때는 '지금까지 가파른 길이었는데, 앞으로도 길이 험하기만 하면 어떻게 하나'라는 걱정으로 마음이 위축된다.

사람들 중에는 앞날에 대해서 너무 낙관하는 사람이 있는가 하면, 또 지나치게 비관하는 사람도 있다. 둘 다 자기가 앞날을 훤히 내다볼 줄 안다고 착각하고 있다는 공통점이 있다. 오늘 무슨 일이 일어날지도 모르는데 어떻게 내일 일어날 일에 대해 낙관하거나 비관할 수 있겠느냐. 만사의 이치가 이러하기 때문에 수없는 실패를 거듭하면서도 좌절하지 않고 전진해나가는 사람이 있고, 그렇지 못한 사람이 있을 뿐이다.

한 여행자가 낯선 마을에 들어가면서, 길가에 앉아 쉬고 있는 늙은 여인에게 물었다.

"여기 사는 사람들은 어떤가요?"

여인이 되물었다.

"당신이 떠난 마을의 사람들은 어땠소?"

"말도 마세요. 비열하고 믿음성이 없기가 한없지요."

여인이 대답했다.

"그렇다면 당신은 이 마을에서도 똑같은 사람들을 만나게 될 거요."

그 여행자가 지나가고 얼마 후에 또 다른 여행자가 오더니 그 여인에게 똑같은 질문을 했다. 그리고 여인은 먼저 여행자에게 물었던 것처럼 "당신이 먼저 있던 곳 사람들은 어땠소?"라고 물었다.

"그곳 사람들은 매우 좋았습니다. 정직하고 부지런하고 친절했습니다. 나는 그런 곳을 떠나서 매우 안타깝습니다."

여인이 말했다.

"그렇다면 당신은 이곳에서도 마찬가지로 친절하고 정직하고 마음씨 좋은 사람들을 만나게 될 것이오."

실패가 계속된다는 것은 그만큼 성공의 가능성이 높아진다는 뜻이다
—

체스터필드는 이렇게 아들을 타일렀다.

"태만한 사람이란 노력을 포기하는 사람이다. 조금이라도 까다롭다거나 귀찮거나 하면 당장 좌절하고 목적을 달성하기도 전에 단념해버린다. 그러면서 손쉽게 표면적인 지식만을 얻고는 이내 만족해버린다. 그래서 더 참고 노력해야 할 바에야 차라리 바보라도 좋고 무지라도 좋다고 여기고 마는 것이다. 사실은 참으로 터득할 가치가 있는 것은 으레 다소의 어려움과 귀찮음이 따르는 법이다.

이런 사람은 으레 '못한다'라고 생각하고, '못한다'라고 말한다. 실제로 진지하게 맞붙으면 정말로 할 수 없는 것은 그리 흔하지 않은데도 말이다. 이런 사람들에게는 어려운 것, 힘든 것이 바로 불가능한 것이 된다. 이것은 자기의 태만에 대한 구실로 삼기 위해 그렇게 생각하는 것일 뿐이다.

이들은 한 가지 일에 한 시간 동안 집중하는 것조차 고통스러워한다. 그래서 어떠한 일이든 여러 가지 각도에서 생각하려 들지 않는다. 다시 말해서 깊이 생각하지 않는 것이다. 이런 사람이 통찰력이며 집중력을 겸비한 사람을 상대로 얘기를 나누면, 당장 자신의 무지와 태만이 노출되고 엉뚱한 대답밖에 하지 못하게 된다."

체스터필드가 여기서 권하는 것은 플러스 사고이다. 사람은 암시에 걸리기 쉽다. 암시는 남에게서 받는 경우도 있지만, 자기암시에 걸리는 경우도 있다. '이것은 안 될 것이다', '안 될지도 모른다'라고 마이너스 사고를 하면서 일한다는 것은 실패를 자초하는 것이나 다름이 없다. '이것은 틀림없이 된다', '나는 할 수 있다'라고 긍정적인 사고를 할 때는 절로 힘이 솟아나고 성공하기가 쉽다. 심리학에서는 그것을 '플라시보 효과'라고 부른다.

사람의 뇌는 기분이 좋을 때는 한층 활성화된다. 그러니까 긍정적인 사고방식을 가지고 있을 때는 뇌 안에서 세로토닌이니 도파민이니 하는, 뇌의 활동을 촉진하는 작용을 하는 신경전달물질이 생겨나고, 이어 뇌 안의 신경세포가 이것들을 받아들이기 쉬운 상태가 되기 때문이다.

에디슨은 건전지를 발명하기 위해 1만 번에 가깝게 실험했다. 누군가가 그에게 건전지는 불가능한 것 아니냐고 물었다.

"당신은 지금까지 1만 번이나 실패를 한 게 아닙니까?"

에디슨은 이렇게 대답했다.

"나는 실패한 것이 아닙니다. 안 되는 방법 9999가지를 찾아냈을 뿐입니다."

실패가 계속된다는 것은 성공의 가능성이 그만큼 높아간다는 것이다.

대담하면서도
세심하게 행동하라

골프에서 중요한 것은 마지막 한 홀까지의 토탈 스코어이다

《논어》에 나오는 말이다. 하루는 염구冉求라는 제자가 공자에게 한 탄했다.

"저에게는 선생님의 훌륭한 가르침을 따라갈 힘이 없습니다."

공자는 그를 이렇게 타일렀다.

"정말로 힘이 없는 자는 도중에 결딴이 나는 법이다. 지금 너는 자기 능력에 스스로 한계를 지어놓고 있을 뿐이다."

충분히 노력하지도 않고 중도에 포기한다는 것을 나무란 것이다. 사람이 자기는 못한다면서 일을 하다 말고 단념하는 것은 요즘 말로 위기관리 능력이 부족하기 때문이다.

골프에서는 한 번 라운딩하는 데 18홀을 돌아야 한다. 그동안 사람에 따라 다소의 차이는 있지만 보통 1만 보는 걸어야 한다. 그러는 가운데 신바람이 날 때도 있고, 잔뜩 풀이 죽을 때도 있다. 잘못 쳤는데 엉뚱하게 기막히게 잘 나갈 때도 있고, 잘 쳤다 생각했는데 뜻밖에 연못에 빠지는 수도 있다. 그러나 중요한 것은 마지막 한 홀까지의 토탈 스코어이다. 한두 홀에서 더블보기를 했다 해도 다른 홀에서 잘 치면 회복이 된다.

인생도 마찬가지이다. 인생 70이라고 친다면 짧은 것이 아니다. 인생이란 단편소설이 아니라 장편소설인 것이다. 그 주인공도 자기이지만, 작가도 자기이다. 남이 쓰는 것이 아니다. 그런데도 사람들은 일이 뜻대로 되지 않으면, 남의 탓으로 돌리기도 하고 날씨를 탓하기도 한다.

셰익스피어의 《존 왕》에서 존이 왕이 되기는 했지만, 왕권의 정당성으로 봐서는 죽은 형의 어린 아들 아서가 당연히 왕위를 계승해야 옳았다. 따라서 늘 아서의 존재가 마음에 걸렸다. 하루는 아서의 뒷바라지를 맡은 휴버트에게 넌지시 암시한다.

"저놈이야말로 내 앞길을 가로막고 있는 독사뱀이다. 내 말뜻을 알겠느냐?"

휴버트는 존의 의도를 알아차리고 아서를 죽이기로 마음먹었는데, 막상 죽이려는 순간 측은한 생각이 들어 살려주고는 왕에게 죽였다고 거짓 보고를 한다. 그런데 그 말을 들은 귀족들이 모조리 왕을 꾸짖고 등을 돌리고 떠난다. 왕은 그제야 자기의 잘못을 후회하고는 휴버트에게 이렇게 말한다.

"네놈만 없었다면 살인의 범죄가 내 머릿속에 떠오르지 않았을 것이다."

제4막에 나오는 장면이다.

작은 일에 조심하지 않으면 큰일을 망치게 된다

—

주자의 《근사록近思錄》에 '담대심소膽大心小'라는 말이 나온다. 대담하면서도 세심하라는 것이다. 흔히 담이 큰 사람은 대담하게 행동한다. 그러나 혈기가 넘치기 쉬운 결점이 있다. 반대로 세심한 사람은 만사에 신중하지만, 자칫 소극적이 되기 쉽다. 이런 장단점을 잘 융합해야 한다는 것이다. 소심이라는 말을 우리는 마음이 잘다고 풀이하지만, 사실은 세심하다는 뜻이다.

개구리 두 마리가 늪지에서 살고 있었다. 그런데 여름에 가물어서 늪지의 물이 말라갔다. 하는 수 없이 둘은 다른 살 곳을 마련해야 했다. 개구리들이 한참 동안 걸었을 때 깊은 우물이 나왔다. 개구리 한 마리가 속을 들여다보고는 다른 개구리에게 이렇게 말하면서 주저 없이 이 우물 속에 뛰어들려 했다.

"이 우물 속은 차가운 물이 가득 고여 있으니까 이 속에 뛰어들어서 살면 되겠다."

그러나 다른 개구리는 그보다 신중했다.

"그렇게 서두르지 마라. 만약 이 우물이 우리가 버리고 떠난 늪지처럼 메마른다고 하자. 그때 어떻게 이 깊은 우물 밖으로 나올 수 있겠니?"

이솝Aesop의 우화에 나오는 얘기이다.

은나라를 멸망시키고 천하를 잡아 주나라를 일으킨 무왕武王이 새로 도읍을 만들자, 각국에서 진기한 선물들을 보내왔다. 그중에 사람의 마음을 헤아릴 수 있는 큰 개가 있었다. 무왕은 그 개에게 홀려서 정치를 등한히 했다. 그러자 측근인 소공召公이 이렇게 간언했다.

"작은 일에 조심하지 않으면 큰일을 망치게 됩니다. 10미터의 높은 산을 만드는데, 거의 다 만들었다고 해서 마지막 흙 한 더미를 쌓아 올리지 않으면 일이 결딴나는 수가 있습니다."

공자도 이와 비슷한 말을 했다. 그러나 마키아벨리의 생각은 달랐다. 그는 신중을 기한다면서 기회를 놓치는 것보다는 과감하게 행동할 것을 권장했다.

"운명의 신은 여신이니, 그녀에 대해 주도권을 갖겠다고 생각한다면 난폭하게 다룰 필요가 있다. 운명은 차갑도록 냉정하게 대하는 사람보다도 정복하려는 욕망을 드러내는 사람 편에 끌리는 듯하다.

요컨대 운명은 여자와 같아서 젊은이의 친구이다. 젊은이는 사려가 깊지 않기 때문에 나중 일은 생각하지 않고 보다 격렬하고 대담하게 여자를 지배하기 때문이다."

《열자列子》에 이런 얘기가 나온다.

어느 집에서 양을 한 마리 잃었다. 그 집의 하인이 총동원되어 양을 찾았다. 그래도 손이 모자라서 이웃집 하인까지 빌리러 왔다. 한참 후에 그들이 돌아왔다. 주인이 물었다.

"찾았느냐?"

"못 찾았습니다."

"왜 못 찾았느냐?"

"워낙 갈림길이 많은 데다 샛길도 많아서 어디로 갔는지 알 수가 없답니다."

인생의 큰길에는 갈림길도 많고 샛길도 많다. 그중 어느 길로 가야 양을 찾을 수 있는지 모른다고 망설이고 있으면 끝내 헛수고로 끝나게 된다. 신중함과 망설임은 그게 다른 것이다.

이처럼 목적을 뚜렷하게 세우고 치밀하게 계획을 짜고, 수많은 좌절과 시행착오를 이겨가면서 열심히 일했는데도 목표에 이르지 못하는 경우도 있다. 1년 내내 한때도 쉬지 않고 열심히 논밭을 갈았는데, 뜻하지 않은 천재이변으로 농사가 결딴나는 수도 있다. 운이 따르지 않은 것이다. 그래서 '청천유명聽天由命'이라는 말도 나왔다. 그러나 이 말은 단순히 하늘의 뜻을 따르라는 것이 아니다. 마지막 한순간까지 마음을 놓지 말고 서두르지도 말고, 들뜨지도 말고 열심히 일한 다음, 나머지는 하늘의 뜻에 맡긴다는 것이다.

행운을 바라는 것은 좋다. 콜럼버스Christopher Columbus가 아메리카 대륙을 발견하기 위해 스페인을 떠날 때 행운을 바란 것은 사실이었다. 그러나 행운에 의존하지는 않았다.

남의 잘못을
흉보거나 따지지 마라

남의 잘잘못을 따지면 반드시 후환이 따른다

—

19세기 후반에 나온 예법에 관해 다룬 《올바른 예법, 에티켓의 핸드북》라는 책이 있다. 여기에 다음과 같은 내용이 들어 있다.

"사업상의 약속이든 사교상의 약속이든 절대로 깨지 말라. 약속을 어겨야 할 때는 직접적이든 서한을 보내든 하여 당장 사과해라.

시간은 꼭 지켜야 하며, 돈 지불은 정확해야 하며, 모든 일을 처리할 때 돈 많은 사람에게나 가난한 사람에게나 정직하고 사려 깊게 해야 한다.

항상 어디에서나 언제나 진실을 말해라. 재치가 있고 지혜롭고 유능하다는 평판보다는 성실하다는 평판을 얻는 게 좋다.

남의 복장이며 매너나 습관에 대해서 개인적인 의견을 말하지 말라. 늘 남을 편안하게 하고 즐겁게 만들도록 신경을 써라. 실내에서는 숙녀, 노약자들에게 제일 좋은 자리를 주어라. 친구가 너의 충고를 듣고 싶어 할 때 외에는 아무리 궁금해도 친구의 형편에 대해서 묻지 말라."

이 책은 마지막에 이런 충고를 하고 있다.

"참다운 신사는 남의 흉을 보아서는 안 된다. 복장은 늘 단정히 하라. 그러나 너무 요란스러워서는 안 된다. 식사 중이든 아니든 술을 마실 때는 절대로 남에게 강제로 먹여서는 안 된다."

《채근담》에서는 이렇게 가르치고 있다.

"사람을 책망할 때는 너무 엄하게 굴어서는 안 된다. 상대방이 받아들일 수 있을 정도로 해야 한다. 사람을 교도한다고 할 때 너무 많은 것을 기대해서는 안 된다. 상대방이 실행할 수 있는 범위 안에서 만족해야 한다."

중국 사람들의 이런 말에 비긴다면 퇴계의 다음과 같은 충고는 안전제일주의에 치우쳐서 설득력이 부족한 느낌을 준다. 따질 것은 따져야 하고, 시비를 가려야 할 때는 철저히 가려야 하는 것이 아닐까? 그러나 퇴계가 살던 당시 조선의 폐쇄적인 현실에서는 어쩔 수 없는 일이었는지도 모른다.

"남의 잘잘못을 따지면 반드시 후환이 따른다. 그러니까 남의 장단을 논하지 말고 시비를 가리지 말라. 누가 다른 사람을 헐뜯는 말을 한다면 듣지 말고, 거기 끼어들어 같이 헐뜯지를 말라."

만약 퇴계가 혹시 내가 잘못 생각하고 있는 것인지도 모른다는 생각에서 시비를 삼가라고 했다면 한결 설득력이 있을 것이다.

모든 일에 상대방과 입장을 바꿔서 생각해보는 게 중요하다
—

셰익스피어의 연극 《율리우스 카이사르》에는 다음과 같은 대사가 나온다.

"자기 눈으로는 자기를 보지 못한다. 무엇인가 다른 것에 비춰야 비로소 자기가 보인다."

중국에도 '만사환위萬事換位'라는 게 있다. 모든 일에 상대방과 입장을 바꿔서 생각해본다는 것이다. 내가 항상 옳은 것은 아니다. 남이 잘못했다고 생각하는 내가 그릇된 것인지도 모른다. 남이 그렇게 하는 것은 혹시 내가 알지 못하는 이유가 있을 수 있다고 한 번은 생각해보는 게 바람직한 일일 것이다. 그러지 않으면 자칫 똥 묻은 개가 겨 묻은 개를 흉보는 짝이 된다.

이런 얘기가 있다. 어느 빵가게 주인이 곰곰이 생각하니 아무래도 버터를 대는 농부가 저울의 눈금을 속이고 정량보다 적게 팔고 있는 것만 같았다. 그래서 며칠 동안 그가 가지고 오는 버터의 무게를 몰래 달아보았다. 아닌 게 아니라 농부가 그동안 자기를 속여온 게 틀림이 없었다. 화가 난 그는 경찰에 고발하여 농부를 체포하도록 했다.

재판장에서 재판관이 농부에게 물었다.

"너는 왜 버터를 저울 눈금대로 제대로 달아서 팔지 않았느냐?"

"아닙니다."

"그러면 지금까지 빵가게에 어떻게 버터를 팔아왔느냐?"

"빵가게 주인이 저의 버터를 사기 시작하자, 저 역시 빵을 그 집에서 사기로 했습니다. 저는 그저 그가 주는 빵 무게에 맞추어서 버터의 양을 저울질했답니다. 만약에 버터의 무게가 잘못됐다면, 그것은 빵가게 주인이 저에게 제값보다 크기가 작은 빵을 팔아온 때문이겠지요."